MÉLANGES

POLITIQUES.

ARTICLES

EXTRAITS

DE LA GAZETTE UNIVERSELLE DE LYON.

Le Constitutionnel s'attaque aujourd'hui avec violence à la *Gazette Universelle*. L'article de notre feuille du 2 avril, dans lequel nous relevions avec modération, mais avec force, la singulière inconvenance d'une publication de M. le conseiller Cottu contre le clergé de France, et dans lequel nous exhortions la magistrature à user du droit que les lois lui attribuent sur ses propres membres pour censurer l'écrit de M. Cottu, et arrêter, dès le principe, par une improbation éclatante et sévère, le dessein tenté de ressusciter ces vieilles discordes parlementaires dont le souvenir déplorable se mêle à celui de tous nos malheurs. Cet article, où nous avions traité avec calme et décence de graves questions imprudemment soulevées par M. Cottu, a excité contre nous une irritation étrange et des accusations injustes. Non que l'écrivain qui nous répond soit entré dans les entrailles de la question, il est resté au-dessous d'un si grave sujet, il ne nous a point suivis dans la discussion, son article est pâle et faible, et nous sommes surpris que *le Constitutionnel* en

---

A compter du 1er juin 1826, on s'abonne a ce Journal, à Paris, au Bureau de la Bibliothèque Catholique, rue Garancière, n.° 10, faubourg Saint-Germain ; à Lyon, rue de la Charité, n.° 6, et dans tous les départemens, chez les Directeurs de poste. Prix de l'abonnement : 17 fr. pour trois mois, 33 fr. pour six mois, et 64 fr. pour l'année.

ait fait son article de doctrine. Du reste, le genre si facile de la polémique gazetière, genre usé et froid, y est employé avec peu de mesure. On trouve que c'est *surpasser en audace tout ce qui s'est vu jusqu'à ce jour*, que d'oser blâmer l'écrit d'un magistrat, n'écrivant pas dans sa qualité de magistrat, mais comme simple particulier; tandis que ce même magistrat, sans restriction et avec un langage altier, accuse tout le clergé de France, tous les pouvoirs de la société, excepté celui dont il est membre, et se permet de dire du Roi ces outrageantes paroles : *Qu'il rêve son repos dans une position périlleuse.* S'il y a *de l'audace* quelque part, et si nous ne répugnions à nous servir d'un terme aussi peu mesuré, nous la verrions dans les paroles que nous venons de rappeler, plus que dans l'article grave et modéré où nous avions relevé une aussi étonnante inconvenance. Nous dirons au *Constitutionnel*, qui prend fait et cause pour M. Cottu et approuve toutes ses pensées et toutes ses expressions : On doit mieux entendre la liberté, quand on l'exploite si largement à son profit, et souffrir avec plus de patience une contradiction que les lois autorisent, que la justice commandait, et que le respect le plus sévère pour les convenances ne pouvait désavouer.

Nous ne voyons pas pourquoi l'on veut mêler partout les jésuites. Il ne s'agissait point des jésuites dans cette affaire, mais d'un conseiller de la Cour royale de Paris et du clergé de France. Quelle singulière idée, pour justifier les parlemens du reproche d'avoir amené la révolution française, de rejeter ce reproche sur ce qu'on appelle *les Jésuites de* 1789. C'est une accusation mille fois avancée par les révolutionnaires; mais mille fois mise en poussière, qu'il ne faut attribuer les excès de la révolution qu'à ceux qui y ont résisté, c'est-à-dire qu'à ses victimes. Cette accusation est non-seulement absurde, mais immorale et cruellement dérisoire, et nous devions nous attendre à voir opposer quelque chose de plus sérieux au reproche grave que nous avions adressé aux anciens corps judiciaires, d'avoir imprudemment ébranlé les colonnes du temple, sous les ruines duquel ils ont été les premiers écrasés.

Le Constitutionnel s'écrie : *Quelle harmonie entre la Gazette Universelle et l'Etoile !* Si *le Constitutionnel* nous fait l'honneur de nous lire quelquefois, il a dû apercevoir, il est vrai, quelques traits de ressemblance entre *l'Etoile* et nous; mais il a dû voir aussi une différence prononcée, essentielle, patente : c'est que le journal auquel il nous compare appartient au ministère, et que le nôtre n'appartient qu'à nous. Comme nous avons déjà eu occasion de le dire, il n'y a pas beaucoup de journaux, pas même peut-être *le Constitutionnel*, qui puisse tenir aussi hardiment le même langage, et c'est peut-être ce qui a donné au nôtre, dès son origine, quelque crédit.

Le Constitutionnel s'émerveille que ce soit au moment même où toute la capitale raffole de l'éloquence bretonne de M. Bernard contre les jésuites, que la Gazette de Lyon *écrite, comme chacun sait, sous l'inspiration jésuitique, apporte à Paris une dénonciation contre la magistrature.* Nous ne sommes point jésuites, *le Constitutionnel* s'est trompé, et même aucun jésuite jusqu'ici n'a mis une seule ligne dans notre feuille; mais puisque *le Constitutionnel* nous rappelle le plaidoyer de M. Bernard, il nous permettra de lui dire que ce plaidoyer nous a paru faible. Je conçois qu'il y avait là un beau sujet pour un avocat, quelque chose de fait pour exalter l'imagination et ouvrir toutes les sources du *fleuve de l'éloquence.* Ce secours puissant qu'on reçoit d'un auditoire attentif et bienveillant ne manquait pas non plus, mais M. Bernard a manqué tout-à-fait à une si grande cause. Nous ne sommes point chargés de défendre les jésuites; nous nous sentons encore moins portés à les attaquer; mais il nous semble que nous nous y serions pris autrement que M. Bernard, et que nous eussions tenté d'autres efforts, si nous avions eu l'honneur d'avoir pour adversaires une société qui a toujours tenu l'Europe attentive à ses destinées; qui a paru aussi propre à fonder des empires qu'à régénérer les nations les plus barbares; que les trois cents Pères du concile de Trente ont proclamée sage et pieuse; que l'Eglise de France, réunie en 1765, a vengée avec éclat de la haine des parlemens; dont le plus populaire de nos Rois avait plaidé lui-même la cause par un discours d'une éloquence vraiment royale, mélange inimitable de clarté, de franchise et de fermeté; une société à laquelle Henri IV et Louis XIV ont légué le dépôt royal de leurs cœurs; dont les monarques les plus habiles, Louis XIV, Sobieski, Frédéric-le-Grand, Catherine II, ont reconnu hautement l'utilité; que les plus grands génies, un Richelieu, un du Perron, un Fénelon, ont honorée et estimée; qui a été chère à tant de saints personnages, Charles Borromée, Philippe de Néri, François de Sales, Vincent de Paule; qui a donné elle-même neuf saints à l'Eglise, et produit une multitude innombrable de martyrs et de grands hommes ; ah ! je conçois qu'une grande ambition excitât l'orgueil et l'éloquence d'un avocat contre ce colosse de gloire, de sainteté, de réputation ; mais on a été mal inspiré d'aller chercher cet avocat au fond de la Bretagne, et il a été plus mal inspiré lui-même de le prendre sur un ton de mépris vis-à-vis de tels hommes et dans une telle cause.

Nous ne nous lasserons pas de le répéter. Chaque jour la société prend un aspect plus effrayant et plus sombre ; chaque jour des événemens dont les hommes, chargés des plus chers intérêts de la monarchie, semblent ne pas apercevoir ou ne pas appréhender les suites, viennent ajouter au mal-aise présent et mettre dans une plus grande évidence les tristes symptômes d'une crise prochaine et funeste. Le danger s'aggrave ; le mal croît à vue d'œil ; bientôt, pour le guérir, il faudra de nouveaux miracles de la Providence ; *humainement*, il sera sans remède.

Aux prises avec leurs implacables ennemis, le catholicisme et le pouvoir légitime n'ont plus, dans les lois actuelles, de secours assez énergiques, assez puissans pour les défendre. La *philosophie*, par des voies obliques et détournées, est parvenue à trouver le secret de pouvoir, sans se compromettre, livrer la religion et la royauté à la dérision et à l'outrage. Armée contre elles de leurs propres bienfaits, elle s'en sert impunément aujourd'hui pour les attaquer et les anéantir. Le voile, dont elle s'enveloppe encore, afin de se dérober à certains regards, est si transparent, qu'il ne peut pas même s'appeler hypocrisie. Tous ses actes la trahissent. Sa contenance est impérieuse et hautaine ; elle ne dissimule pas sa joie. Au milieu des alarmes générales des gens de bien, elle tressaille comme un conquérant, qui, à la veille du combat, a compté ses forces, et qui se tient déjà assuré du triomphe. Elle proclame d'avance la victoire complète, décisive, qui comblera incessamment toutes ses espérances.

Et parce qu'elle n'a pas le fer à la main, on paraît ne pas la craindre : on a l'air de regarder ses actions et son langage comme les vains efforts de l'impuissance. On la laisse à son aise parler, écrire, diviser, corrompre, répandre partout ses principes de dissolution et de mort. On oublie que les moyens qu'elle met en œuvre sont les mêmes, absolument les mêmes, que ceux à l'aide desquels elle renversa les autels, détrôna les rois et donna au monde les terribles leçons qu'il a reçues. Que les hommes à vue faible, à courte mémoire, veuillent donc au moins prendre la peine de considérer de plus près ce qui s'est passé, ce qui se passe encore sous leurs yeux; qu'ils relisent l'histoire de nos malheurs, et qu'ils disent si bien réellement il n'y a rien à craindre.

Peu d'années après la seconde restauration, la *philosophie* se crut assez forte pour agir ouvertement et avec violence. Elle éclata tout-à-coup par l'insurrection et la révolte. Les moins clairvoyans la reconnurent alors. Le pouvoir alarmé prit des mesures, et justice fut faite. Depuis ces criminelles entreprises, elle n'a changé ni de doctrines, ni de but; elle n'a fait qu'ajourner à des temps meilleurs l'exécution de ses complots. Elle a ordonné aux *frères* de remettre dans le fourreau le glaive et le poignard, et de ne pas les en tirer avant qu'elle ait préparé de nouvelles forces. Convaincue, par une imprudente expérience, que, malgré les nombreuses recrues que les erreurs de l'âge ou des passions avaient précipitées dans ses rangs, elle n'avait pas encore à son service assez d'hommes sur qui elle pût compter, c'est-à-dire assez de dupes, assez de libertins, assez d'impies, assez d'apostats, assez d'athées, assez de félons, assez de traîtres, assez de méchans, en un mot assez de *philosophes*, elle s'est remise à en faire; elle a mené ce travail avec une épouvantable activité. Secondée par la licence de la presse et l'inconcevable complaisance de la poste, elle a porté ses livres, ses brochures, ses pamphlets aux extrémités de la France; ils sont arrivés jusqu'au dernier coin où peut se trouver un esprit à pervertir, un cœur à corrompre.

Et tandis que ces semences germent, croissent et acquièrent le développement nécessaire pour produire leurs fruits, voyez si la *philosophie* perd une seule occasion d'avancer son œuvre, de dénigrer une vertu religieuse ou sociale, de calomnier la piété et la fidélité, de provoquer un désordre et de le justifier dès qu'il est commis. Habile à juger des personnes et des choses, devinant pour ainsi dire, par le seul instinct de la perversité, le parti qu'elle en peut tirer, elle enregistre soigneusement sur ses tablettes tout ce qu'elle a une fois reconnu propre à servir sa cause. Elle y inscrit, comme à elle appartenant, tous les mécontentemens, tous les dépits, toutes les jalousies, toutes les ambitions, toutes les vanités, tous les orgueils. Il suffit d'avoir manifesté des plaintes contre l'une ou l'autre des autorités à la ruine desquelles elle est acharnée, pour mériter une part à ses condoléances, à ses recommandations, à son appui, pour avoir droit de *fraternité.* Si même, parmi les royalistes et les chrétiens, elle vient à en apercevoir dont quelques opinions particulières lui semblent avoir de l'affinité avec les siennes, la voilà qui sait, pour un moment, se faire royaliste ou chrétienne avec eux, qui se rend leur organe, leur interprète, quelquefois leur apologiste ; bien assurée que si cette adroite manœuvre ne les lui attache pas sans réserve, il y aura du moins commencement d'alliance dès qu'ils auront consenti à se laisser publiquement souiller de ses éloges.

Elle n'étend pas avec moins de libéralité sa bienveillance et ses égards sur la classe, hélas ! trop nombreuse des hommes sans caractère, sans énergie, sans prévoyance ; qui, incapables, en général, de s'associer sciemment au crime, sont malheureusement d'autant plus exposés à en devenir les instrumens, qu'ils prennent pour modération et sagesse l'inertie de leur âme, et que, chez la plupart, la vue de l'esprit est aussi faible que les affections du cœur. Par ménagement envers cette espèce de miopes religieux ou politiques, elle a réservé pour ses feuilles quotidiennes le peu qui lui reste de retenue, de pudeur et de décence. Elle prend la peine de veiller à ce que l'imposture, la calomnie et le sophisme ne s'y montrent que recouverts de quelques apparences de vérité et de raison. Pour eux, elle a appris à bégayer par intervalle les mots de christianisme et de légitimité, à parler avec une sorte d'intérêt des libertés religieuses, à s'alarmer des dangers qui, d'ailleurs que de sa part, menaceraient l'indépendance des rois. A cause d'eux enfin, autant que pour soustraire aux coups de la justice les journaux par lesquels elle exerce une action non interrompue sur le corps social, elle a relégué dans les livres et les brochures, comme un dépôt à part, ses plus séditieuses maximes, ses plus énormes impiétés, ses plus cyniques turpitudes ; prête à les renier devant ceux de ses dupes qui en prendraient scandale, ou à les laisser punir par les magistrats, comme des *crimes isolés* auxquels elle est étrangère.

Le côté ridicule que présentent les pétitions en masse, sollicitées par le libéralisme dans nos provinces, et par lequel il mandie la signature des enfans qui sont assis sur les bancs de nos écoles, nous a suggéré quelques courtes réflexions.

La loi civile ne reconnaît d'engagemens valables que ceux qui sont contractés par des individus majeurs. La majorité a même été rapprochée de manière à alarmer la sollicitude des familles. Pourquoi serait-il permis à des écoliers de 18 ans, qui sont sous la tutelle de leurs père et mère, et qui ne pourraient valablement souscrire un billet de six francs, de venir exprimer publiquement, à la face de nos législateurs, des vœux et des opinions qui tendent à diriger la marche de l'Etat et à réformer ses lois, eux qui sont soumis à l'autorité paternelle pour les actes les plus insignifians de leur conduite et de leur vie civile? Il y a plus, une foule de signatures apocryphes sont apposées au bas de ces requêtes. Souvent un seul individu signe dix ou douze noms différens, afin de grossir la liste de ceux qui font entendre leurs plaintes. Un moyen pourrait se présenter pour opposer une digue efficace à tant d'abus, et surtout pour mettre la jeunesse à l'abri de la seduction et de l'entraînement dont elle est si souvent la dupe et la victime. Il s'agirait d'exiger, pour qu'une pétition fût reçue, qu'elle eût été signée par un individu qui justifiât de son domicile, de sa qualité et de sa majorité à l'un des notaires de sa résidence. Cet officier public mettrait au bas, sans frais, un certificat attestant l'accomplissement de ces formalités et l'identité du pétitionnaire qui signerait devant lui.

Nous soumettons, en toute humilité, ces réflexions au pouvoir. Nous souhaitons vivement qu'elles puissent mériter son attention et son examen. Son adoption nous vaudrait d'être enfin délivrés de cette masse de pétitions pseudonymes, ou couvertes de signatures arrachées à des enfans.

La distribution des livres à cinq sous continue. Des émissaires colportent ces poisons hors des villes, les donnent au rabais, en sèment dans les chemins et sur les routes, afin qu'aucun motif ne s'oppose à la propagation des lumières dans l'esprit des gens de la campagne. Ainsi, grâce à cette active philanthropie, le laboureur qui maintenant sait lire, le laboureur, disons-nous, pourra désormais, en poussant sa charrue, lire le *Tartuffe* et les *Victimes cloîtrées*. Le pasteur du village, et les pieux religieux des deux sexes qui se dévouent à l'éducation des enfans, se trouveront là tout exprès pour recevoir l'application ; et ces bons curés de campagnes qui inspirent une si tendre compassion à la philosophie, quand il faut les opposer à leurs évêques, ne seront plus que de misérables fanatiques qu'on accompagne de huées en attendant qu'on puisse faire mieux. Or, savez-vous le raisonnement que fait là-dessus le *Journal du Commerce* de Paris? « Ou ces livres sont mauvais et dangereux, dit-il, ou ils ne » sont ni l'un ni l'autre. S'ils sont indifférens à la tranquillité » publique, ne déclamez plus contre leurs éditions multi- » pliées ; s'ils offrent au contraire du danger, c'est au minis- » tère à ordonner des poursuites et à les provoquer. Ils ne » sont l'objet d'aucun réquisitoire, donc ils sont innocens ». Voilà le résumé de la discussion de ce journal, et l'analyse des raisons qu'il donne à ses lecteurs ; et ici nous l'avouons, nous ne savons ce qu'on doit admirer le plus, ou de l'impudeur d'un pareil argument, ou de la faiblesse d'un gouvernement qui a mérité un aussi sanglant reproche. A-t-on jamais vu un empoisonneur distribuer publiquement ses drogues mortelles, attester par le nombre de ses victimes l'activité de ses poisons et la stupidité de ses dupes, et venir se prévaloir du silence de l'autorité pour continuer ses attentats ? Un tel pays existe-t-il ? Et s'il existe, que penser de son avenir? Certes, nous le dirons hautement, nous ne voyons rien de pire qu'une semblable liberté, et nous avons peine à concevoir qu'un ordre apparent puisse exister encore avec de tels principes. Pourquoi le gouvernement a-t-il donc encore des gendarmes qui arrêtent les voleurs, des juges qui punissent les calomniateurs, des piloris pour en faire justice. Pourquoi n'est-il pas permis de parler et d'agir, puisqu'il est permis de tout écrire, et puisqu'on proclame, sous le nom de liberté de la pensée, la liberté de les exprimer toutes, par quelle inconséquence lui défend-on de se manifester par le fer et par le feu ! C'est là aussi l'expression d'une pensée qui demande à être libre. Le singulier peuple que nous sommes ! Un malheureux, hébété par le vin et la misère, injurie le Roi et on le punit ; et des écrivains insultent chaque jour à la Majesté

Divine et à la majesté humaine; ils excitent le fanatisme qui a tué les rois et qui voudrait anéantir Dieu; et parce que cette injure est imprimée, parce qu'elle est entendue par dix mille personnes à la fois, elle est du domaine de la liberté, l'imprimeur l'a scellée d'un cachet d'inviolabilité.

La France, et nous devons ajouter l'univers chrétien, viennent d'être affligés par la plus déplorable profanation sacrilége sur laquelle ils aient eu à gémir depuis un grand nombre d'années. Depuis la procession de l'âne et la profanation des hosties dans notre malheureuse ville, je ne crois pas qu'on ait vu un outrage plus effrayant à la religion. La majesté miséricordieuse a été insultée sur son autel. Dans un vaste temple rempli d'une grande multitude, au lieu de ces chants d'adoration, de ces hymnes de supplication et d'amour dont l'hommage devait s'élever vers elle de tous les cœurs et de toutes les bouches, elle a entendu le blasphême, les accents de la dérision, les clameurs et les outrages de l'impiété, proférés par mille voix, la poursuivre et la maudire autant qu'il est possible à la détestable, mais faible audace de l'homme. Dirons-nous, après cela, que le prêtre a manqué périr entre les mains de ces furieux; que le pontife a vu sa voix étouffée, et la faveur du prince, la pourpre de Rome et toutes les dignités de l'Etat outragées en sa personne? On nous reproche quelquefois de jeter l'effroi dans les esprits par la prédiction des malheurs de l'avenir, de faire voir dans les circonstances actuelles les dernières conséquences qu'elles renferment, et de troubler la molle sécurité où une génération qui a déjà tant vu d'horreurs voudrait se reposer désormais de ses trop longues agitations; on nous montre la surface tranquille de la société, et les apparences rassurantes d'une paix qu'on croit inaltérable; nous-mêmes nous hésitons quelquefois à exprimer les alarmes dont nous sommes dominés. Mais, hélas! que nos prévisions sont trop tôt justifiées, surpassées même par l'évènement! Qui n'eût encouru le reproche plausible d'exagération, en annonçant, il y a huit jours, ce qui se voit aujourd'hui? Et ces désordres ne se sont point bornés à un seul point; d'autres églises en ont été le théâtre, une grande population s'est soulevée toute entière contre la religion. Voilà l'effet si souvent prédit de l'impunité accordée, pendant de longues années, à la licence.

On a travaillé, sous la protection de l'autorité, à une révolution religieuse; elle s'opère; elle va s'accomplir. Une circonstance manifeste ici le progrès du mal; vingt circonstances imprévues le manifesteront dans vingt endroits ailleurs. La propagation des doctrines du libéralisme expliquent tout cela. Si Rouen commence, c'est qu'à Rouen le liberalisme est plus puissant qu'ailleurs. Voyez si ce n'est pas dans cette province qu'il a pu réunir le plus de signatures pour ses pétitions, le plus d'argent pour ses souscriptions. Dans une seule ville de la Normandie on a compté, il y a quelques années, cinq sacriléges dans une nuit. Il n'y a aucun évènement, depuis la restauration, où l'on n'ait pu voir ainsi la liaison des doctrines avec les effets. Le crime de Sand a été inspiré par des doctrines; Louvel lisait *la Minerve*, et protestait que Dieu n'était qu'un nom; nous avons vu condamner par les tribunaux un serviteur qui tua froidement son maître pour un reproche qui blessa son orgueil; ce jeune homme lisait aussi *la Minerve*. Que *le Constitutionnel* et *le Courrier* nous disent si ce n'est pas dans ces départemens qu'ils comptent le plus de lecteurs. Nous avons parcouru les villes de la Normandie l'année dernière, et l'impression que nous en avons emportée est simplement fortifiée par les évènemens d'aujourd'hui.

Quel parti va prendre l'administration? M le garde-des-sceaux est-il désabusé? pense-t-il encore, comme l'année dernière, *qu'il y a dans la société plus d'indifférence que de haine pour la religion, plus de négligence et d'oubli que d'ardeur à la combattre et à l'outrager?* Lui paraît-il, comme il lui a paru un temps, *qu'on peut différer d'offrir des garanties à la société contre un danger auquel elle n'est pas exposée?* Ainsi tous les évènemens condamnent notre politique; ainsi tous nos systèmes sont convaincus de folie ou d'erreur; ainsi notre coupable imprévoyance, notre inexcusable faiblesse sont confondues et punies. Voilà donc cette jeunesse si grave, si modérée, si étrangère aux habitudes bruyantes de ses pères, pour laquelle M. Royer-Collard et M. Benjamin-Constant épuisent les formules de l'éloge, les protestations de l'estime! Quand répudierons-nous une fausse sagesse? quand changerons-nous nos voies? quand commencerons-nous la restauration?

Une lettre de Rouen, que nous avons sous les yeux, donne les détails le plus circonstanciés sur l'assassinat de M. l'abbé Lœvenbruck. Le vendredi, 19, à neuf heures et demie du soir, il revenait paisiblement, accompagné d'un de ses confrères, de l'église paroissiale, où ils avaient prêché de la manière la plus propre à calmer et à toucher les esprits. Ils trouvèrent une grande réunion de populace qui jetait des pierres contre le palais de l'archevêché. Cette troupe se composait de commis-marchands et d'une canaille rassemblée à prix d'argent. Elle n'eût pas plutôt aperçu les deux ecclésiastiques, que sa fureur changeant d'objet, elle se précipite sur eux. Il paraît que le compagnon de M. Lœvenbruck parvint à s'échapper de leurs mains; pour lui, il vit, en un instant, tous les bras levés sur sa tête, et une grêle de coups fondre sur son corps. Il fut inhumainement traîné le long de quatre rues; ses habits, qui étaient neufs, furent déchirés en mille lambeaux sur son corps. Les cris les plus horribles encourageaient les assassins: *Tue, tue, tuons tous ces calotins!* Enfin, on lui passait autour du cou sa ceinture qu'on lui avait arrachée, et on l'étranglait, quand quelques braves hommes du peuple, se précipitant au milieu de ces cannibales, arrachèrent de vive force la victime d'entre leurs mains et la jetèrent à la hate dans une maison; l'abbé Lœvenbruck monta les degrés, et parvint à se cacher sous le toit. Les meurtriers entourèrent la maison, poussant des rugissemens. La force armée n'arriva qu'un quart-d'heure après. Elle était composée de quelques gendarmes et soldats, accompagnés de quatre commissaires de police. Personne ne fut arrêté. L'abbé Lœwembruck garde le lit; il est dans une grande atonie; il n'attribue son salut qu'à sa force physique, et à la confusion où le tumulte et la nuit jetaient ses nombreux agresseurs, dont heureusement les coups portèrent souvent à faux, quoique l'abbé Lœvenbruck en ait reçu plus de deux cents.

Le *Constitutionnel* passe toutes les bornes; il élève toujours son ton au niveau des séditions, et on peut remarquer que ses déclamations en sont alors la plus vive apologie et le plus puissant encouragement. Voici quelques unes de ses phrases:

L'autorité locale craint de faire connaître la vérité, et elle voudrait pouvoir ensevelir dans le silence des évènemens dont tout le monde appréciera l'importance et la gravité, surtout aujourd'hui *où le moment paraît enfin arrivé de se prononcer entre le trône et l'autel.*

Au moment où l'on s'y attendait le moins, on est informé à Rouen de l'arrivée presque soudaine des missionnaires appelés par M. l'archevêque, cardinal et grand-aumônier, de France. Beaucoup d'esprits sages, si ce n'est la population toute entière, furent surpris et alarmés.

La mission s'ouvre le 17 de ce mois par une procession à laquelle se sont abstenus d'assister les corps de la magistrature. Dans la soirée, la foule se porte notamment à la cathédrale et dans les rues et places adjacentes; au dedans de déplorables désordres précèdent, suivent ou accompagnent les cérémonies et le sermon des missionnaires; la police intervient, et les cris, les vociférations de la multitude *effrayée* redoublent encore. A onze heures, ces scènes tumultueuses sont à peine calmées, elles ont pour résultat la confusion, le désordre, des contusions, des arrestations, et beaucoup de scandale.

Au dehors, la population montrait, en les voyant passer, le plus profond respect pour les membres du clergé de la ville; mais, sur tous les points, on entendait ces acclamations répétées: *Vive le Roi! vive la Religion! vive le clergé de Rouen! à bas les missionnaires! à bas les jésuites! leurs mains sont encore teintes du sang de nos rois!*

Les mêmes scènes, les mêmes cris, mais avec moins de violence, parce qu'il y avait moins de monde, ont lieu également dans les autres églises où prêchent les missionnaires; l'obscurité de la nuit seule y met un terme.

Le 19, les cérémonies, les prédications de la veille recommencent, et avec elles les attroupemens, le désordre, les cris; mais au-dehors les scènes tumultueuses prennent un caractère différent; on sourit, on chante même, au lieu de vociférer; dans l'intérieur de la cathédrale, beaucoup de femmes et peu d'hommes; la foule inondant le parvis remarque les femmes qui entrent, et, sans les maltraiter, *fait payer un peu cher à quelques-unes d'entr'elles leur folle imprudence, leur avide curiosité, ou, si l'on veut, l'ardeur de leur zèle pieux.*

Les Lyonnais se rappellent que les jacobins, au commencement de notre révolution, firent aussi *payer un peu cher* à de pieuses dames leur folle imprudence d'aller à la messe des prêtres non constitutionnels.

« Je ne sais, ajoute l'un de nos correspondans, comment les choses se passeront par la suite; mais je sais, parce que je le vois, que les imaginations sont montées, que les esprits sont exaspérés. On s'obstine à ne voir que des jésuites sous l'habit des missionnaires. »

Le correspondant qui nous fournit ces détails termine sa lettre en ces termes :

« On s'attend pour les jours prochains à un grand développement de forces : pour moi, je redoute *un grand développement de masse repoussant les missionnaires dans l'idée fixe, de repousser les jésuites. Si l'autorité persiste à vouloir continuer la mission, elle doit s'attendre à de grands malheurs.* »

Sans doute ces scandales n'auraient pas affligé tous les citoyens amis de la tolérance et de la paix, si chacun était resté chez soi, au lieu de courir à la mission; mais peut-on trouver coupables cependant les sollicitudes, l'effroi des pères de familles, en voyant leurs femmes et leurs filles prendre pour dépositaires de leurs plus secrètes pensées, pour arbitres suprêmes de leurs consciences, des prêtres cosmopolites, dont le nom même est un mystère; tandis qu'ils ont autour d'eux, parmi eux, de sages pasteurs dignes de toute leur confiance, parce qu'ils ont appris à connaître, à apprécier leur zèle pieux et leurs vertus évangéliques?

Si l'on dit aux habitans de Rouen : Pourquoi allez-vous à la mission? à plus forte raison peut-on dire aux missionnaires : Pourquoi allez-vous à Rouen? Les Rouennais au moins sont chez eux; ils y étaient tranquilles, pleins de respect et de vénération pour leur clergé, pour leur culte. Rouen était paisible; à peine les missionnaires y arrivent-ils, que le désordre est partout, que la désunion entre dans les familles, que les craintes et l'effroi assiégent tous les honnêtes gens. Certes, Rouen n'aurait pas vu sa tranquillité troublée, n'aurait pas eu à gémir sur des scandales, si les missionnaires n'y avaient pas mis le pied. Ils portent la parole de Dieu, et ils oublient que leur premier devoir, la charité, leur commande de prêcher pour convertir, et non pour faire naître des coupables.

M. l'archevêque de Rouen serait-il *sourd à la voix du peuple, qui est aussi la voix de Dieu?* Un prince de l'Eglise n'est-il point sujet à l'erreur? ou bien l'infaillibilité du pape serait-elle aussi l'apanage de tous ceux qui sont couverts du manteau de la religion?

Et, d'ailleurs, est-ce avec des gendarmes que l'on prétend gagner les cœurs et convaincre les consciences? Mahomet convertissait à son Dieu par la force et la terreur; les apôtres n'avaient pour armes qu'une croix de bois.

Où s'arrêtera donc cette passion *usurpatrice du spirituel sur le temporel*? Quand une population, quand la France entière, quand les hommes sages de toutes les opinions s'accordent dans leurs alarmes, serait-il vrai qu'elles ne fussent pas fondées? Veut-on, contre toute évidence, contre toute réalité, que tout le monde ait tort? Eh bien, en fait de doctrines religieuses ou politiques, quand tout le monde a tort, tout le monde a raison.

— Le jour où la mission s'ouvrait à Rouen sous la protection de la force armée, un pauvre marayeur a été assassiné sur la route de Dieppe.

Le langage du *Constitutionnel* est-il assez clair? Il soulève la populace; puis il prétend que sa voix est la *voix de Dieu*. Or, comme cette populace *s'obstine* à voir des jésuites dans les prêtres, comme le moment paraît arrivé de *se prononcer entre le trône et l'autel*, comme *les esprits sont montés*, *qu'il y aura un grand développement de masse*, et que si l'autorité persiste, *elle doit s'attendre à de grands malheurs*, nous voilà tous suffisamment avertis: la révolution est commencée; tant pis pour ceux qui ne prendront pas leurs précautions. C'est au gouvernement et aux tribunaux à voir maintenant s'il leur convient de laisser s'accomplir les projets du *Constitutionnel*, et de *se prononcer entre le trône et l'autel*.

Nous avons déjà eu occasion de faire remarquer qu'au moment où des dispositions séditieuses se manifestent sur quelque point du royaume, la presse qui les a excitées les flatte et les encourage. Son audace croît avec l'audace qu'elle a provoquée, mais dépassant bientôt la révolte elle-même, elle en exalte la violence pour la soulever à son niveau. Ainsi la presse, dans ces momens critiques, devient le plus terrible ennemi des gouvernemens; et s'ils comprenaient leur position pour arrêter les révolutions, ils marcheraient droit à ceux qui les fomentent. Se figure-t-on, au milieu d'une population toute entière sur pied contre ses magistrats et ses prêtres, quel effet peut produire l'explosion de harangues comme celles *du Constitutionnel*! Certes, on ne contestera pas que le langage des journaux, pendant la révolution, n'a jamais été ni plus insolent ni plus redoutable : *Le moment est venu de se prononcer entre le trône et l'autel. Le peuple s'obstine à voir les Jésuites dans les Missionnaires. La voix du peuple est la voix de Dieu ; quand tout le monde a tort, tout le monde a raison. Un grand développement de masse se prépare ; si l'autorité persiste, elle doit s'attendre à de grands malheurs.* Quand un pays en est venu à entendre ce langage, et un gouvernement à le souffrir, on pense bien qu'il ne s'agit plus de discussions et de raisonnemens ; aussi n'irons-nous pas perdre notre temps à repousser les argumens du *Constitutionnel* contre les Missionnaires. Nous n'irons pas relever la honteuse inconséquence de ces réclamations fanatiques de liberté pour les plus coupables opinions, au moment où l'on foule aux pieds la liberté religieuse, où l'on soulève contre elle les plus basses et les plus cruelles passions. Nous ne ferons pas ressortir le hideux contraste d'un zèle hypocrite pour la religion en Orient, et d'une fureur sacrilége contre la religion en France. Au fond, ils ont raison; leurs vœux appellent la révolte, leurs écrits l'encouragent, leurs Séides en lèvent l'étendard. Ils ont ce qu'ils veulent. Puisqu'ils sont les plus habiles, ils sont les plus conséquens. Qu'importe que, pour agir ainsi sur une populace stupide, on viole toutes les lois du bon sens, tous les préceptes de l'honneur, la paix publique, les lois, la religion ? Les révolutions se sont-elles jamais faites autrement? *Le Constitutionnel* ne peut-il pas vous dire : Depuis dix ans, nous nous sommes formé un public à qui convient maintenant cette manière de raisonner; nous l'avons amené par degrés à ne plus s'effrayer du langage de la sédition ; rien ne peut résister à l'action journalière qui s'exerce ainsi sur la multitude; et la seule puissance en France, c'est nous!

Il est honteux pour une nation que ce raisonnement soit juste. Qui peut nier que *le Constitutionnel* ne tienne le sceptre de l'opinion? Quelques doctrinaires en arrière, quelques disciples des écoles teutoniques et écossaises ont beau le prier à mains jointes d'être un peu plus modéré, un peu moins absurde, d'attendre que la révolution s'achève par les doctrines; daigne-t-il les écouter ? Pendant les trèves d'un moment qui semblent suspendre le cours des séditions, il redescendra bien encore au langage emphatique et nébuleux de l'école ; mais dès que les cris de révolte éclateront, dès que les autels seront insultés, dès que des clameurs de prostitution retentiront à ses oreilles, il se mettra à rugir de nouveau, à ameuter la populace, à exciter l'incendie. Que sait-on? un jour d'insurrection peut achever ce que vingt ans de doctrines ne feront pas. Dans les temps de révolution, il faut un langage approprié, il faut certains mots pour l'oreille du peuple; il y a une logique de sédition, il y a des sophismes de circonstance, et ce que le *Constitutionnel* sait le mieux dans l'éloquence, ce sont ces convenances oratoires.

Vous imaginez-vous qu'il ira faire dans ces momens-là des raisonnemens à la Guizot, qu'il ira se perdre dans les nuages de la froide et obscure métaphysique *du Globe;* non il ne fera qu'un raisonnement, il le tournera, il le retournera, il le présentera, sous mille formes, à l'étroite intelligence de la populace sur laquelle enfin il faut agir. Ce raisonnement, le voici : « Les Missionnaires viennent malgré vous : » donc la paix publique est troublée : donc s'ils sont hués » et chassés, ils ne doivent s'en prendre qu'à eux-mêmes. » Raisonnement excellent, et que j'engage toute la France à retourner contre *le Constitutionnel*, car elle ne recèle pas dans son sein un plus grand ennemi de son repos.

Un journal de Paris répète, après *le Journal du Commerce de Lyon*, que la *Gazette Universelle* appartient aux jésuites et à la police. Nous avions jugé inutile de répondre au *Journal du Commerce*, parce qu'il n'est personne à Lyon qui ne sache qu'il a dit en cela une chose fausse. Cette fausseté, répétée par un journal de Paris, prend un peu plus d'importance, et nous détermine à déclarer ici une seconde fois ce que nous avions déjà déclaré en répondant à une attaque semblable du *Constitutionnel*. La *Gazette Universelle* est du très-petit nombre de journaux français entièrement indépendans. Ses propriétaires, tous Lyonnais, tous résidans à Lyon, soutiennent cette publication avec leurs propres fonds, sans qu'aucune subvention quelconque vienne les aider dans une entreprise où ils consacrent leur temps et leur fortune, à la défense d'intérêts sacrés qu'ils avaient la douleur de voir trahis ou négligés par la plupart des journaux qui s'en étaient montrés long-temps les organes sincères et habiles.

L'accord des vues des propriétaires de la *Gazette Universelle*, l'unité de leurs doctrines, la modération de leur polémique, les preuves irrécusables d'une sage indépendance qu'ils ont donnée jusqu'ici, ont pu seuls mériter à leur feuille la faveur dont elle jouit, et lui donner rang parmi les journaux politiques dignes d'exprimer une opinion sur les intérêts du pays. Comme nous avons déjà eu occasion de le dire : Il n'y a peut-être pas beaucoup de journaux en France qui puissent tenir en tout point ce langage, et il n'en est guère, parmi ceux qui se glorifient le plus de leur indépendance, dont il ne soit possible de nommer à l'instant même la coterie. La *Gazette Universelle* croit avoir échappé à l'influence de toutes.

Mais ne sommes-nous point sous la dépendance des jésuites ? Nous professons pour cet institut l'estime due à tous les établissemens religieux approuvés par l'Eglise universelle ; voilà le seul lien qui nous rattache à lui ; en ce sens, notre journal appartient aux jésuites, comme il appartient au Pape, comme il appartient au Roi. Cependant, nous ne nous croyons point appelés à en faire une chaire théologique ; aussi nos lecteurs ont-ils pu remarquer que nous n'avons point, jusqu'ici, traité *ex professo* la question des jésuites, que nous avons seulement repoussé les injustes attaques et les calomnies dirigées contre cet ordre zéle et utile, toutes les fois que les journaux ennemis nous ont entraînés sur ce terrain. La France en serait venue à un trop grand avilissement, s'il ne s'élevait quelques réclamations en faveur de la justice méconnue, du bon sens insulté, des droits de l'histoire et de la vérité outrageusement violés.

Après cette profession de principes, nous serons crus en disant que nous nous honorerions de voir les jésuites insérer dans nos feuilles quelques-unes de ces discussions philosophiques, politiques ou littéraires, remarquables par la science, par l'élégance, par la mesure et la raison, telles que leur école en a su produire dans tous les temps, mais que jusqu'ici nous n'avons pas eu ce bonheur ; qu'aucun jésuite n'a encore mis une seule ligne dans notre journal, qu'aucun d'eux n'a la moindre part dans notre propriété, et que même nous n'avons l'honneur d'être lus que dans un seul de leurs établissemens, qui n'est ni celui de Mont-Rouge, ni celui de la rue de Sèvres.

Cette déclaration que nous devions à nos lecteurs, nous donnera sans doute un titre de plus à leur indulgence, puisque nous n'avons point pour notre travail le secours si utile qu'on nous supposait ; elle nous réservera au moins toute la faveur due à la spontanéité de nos doctrines et au désintéressement de nos intentions.

Nous avons beau donner aux journaux de Paris les explications les plus franches, les plus entières, nous les voyons toujours manifester de nouvelles inquiétudes, et établir de nouvelles conjectures à l'occasion de *la Gazette Universelle*, de ses propriétaires et de sa direction. Nous aurions droit peut-être d'en concevoir quelque amour-propre, si des motifs, d'un ordre tout différent, ne nous avaient seuls engagés dans cette entreprise. Nous avons déjà répondu, assez clairement, à toutes les questions, dans notre N.° du 29 mai, et plus anciennement dans celui du 19 mars. Aujourd'hui *le Courrier Français* veut nous enlever la responsabilité, quelle qu'elle soit, des doctrines que nous publions. Son assertion est précise, et nous la citerons textuellement dans un long article où il s'attache à répondre au discours de Mgr. l'évêque d'Hermopolis; après avoir énuméré tous ses griefs, il termine ainsi :

« Il est cruel que ce soit nous qui soyons obligés d'avertir » M. le ministre des affaires ecclésiastiques de ce qui se passe » autour de lui. Cette tâche est pénible; cependant nous ne » la terminerons pas sans lui apprendre encore *que les articles » les plus funestes au vrai catholicisme sont tous les jours » insérés dans la Gazette Universelle de Lyon, à laquelle » M. Franchet a pris soin d'envoyer un rédacteur accrédité.* »

Le reproche que nous font Messieurs les rédacteurs protestans *du Courrier* de publier des articles funestes au vrai catholicisme, est trop plaisant pour que nous nous y arrêtions. A moins que le protestantisme ne soit pour eux le vrai catholicisme, dans ce cas, peut-être en effet nos articles pourraient-ils être funestes à ce catholicisme-là.

Pour ce qui est de la dénonciation que fait *le Courrier*, de M. Franchet à Mgr. l'évêque d'Hermopolis, pour nous avoir envoyé, dit-il, un rédacteur accrédité, nous sommes affligés qu'elle n'ait pas de fondement. C'est un secours dont nous sommes dénués, comme de celui qu'on nous supposait chez les jesuites. Aucun rédacteur ne nous est venu de Paris, ni de quelque lieu que ce soit. Aucun article ne nous a été envoyé de Paris, que quelques articles de correspondance, tous imprimés avec la date de cette ville. Il y a toujours quelque utilité à être dans une position avouée. Nous nous félicitons donc que les journaux de Paris nous aient mis dans le cas de faire connaître la nôtre.

Le *Courrier Français* vient de faire une découverte précieuse.

Depuis M. Montlozier, signalant l'abbé Lœvenbruck comme un général, et les dix mille enfans de l'œuvre de saint Joseph comme son armée, rien d'aussi épouvantable n'avait été dénoncé à l'autorité. Déjà le *Courrier* avait révélé ce grand secret; l'*Etoile* avait gardé le silence; on a répondu par de pâles dénégations; le journal libéral triomphe, point de doute sur la réalité de l'accusation. Le clergé conspire, il est pris sur le fait, et les armes à la main. Mais enfin, direz-vous, de quoi s'agit-il? Quel est donc ce danger imminent qui nous menace encore de la part de ce remuant clergé de France, le voici : *Dans plusieurs séminaires de France*, dit le Courrier, *on fait faire aux jeunes gens des exercices militaires. Nous demandons à l'*Etoile *si elle est bien sûre qu'il n'y en ait ni à Paris, ni aux environs, ni à Lyon, ni à Strasbourg. Mais nous l'engageons à bien mesurer sa réponse, de peur que nous n'ayons à lui désigner des députés résolus à révéler le fait à la tribune, et qui n'attendraient pour cela qu'une occasion.*

La dénonciation est claire. Le défit de le nier est formel. *Le Courrier* a puisé à des sources pures, des députés même sont avertis du delit; que repondre à cela? Nier le fait, mais *le Courrier* n'insérera pas la dénegation, et ses lecteurs, sous le charme, n'en répéteront pas moins le mensonge. Voyez *le Journal des Débats*. Il avait formellement défié les auteurs du règlement de la Propagation de la Foi de se montrer. On lui a répondu, en designant les coupables et en offrant de les nommer; qu'a-t-il fait? il s'est tu, et pour ceux qui ne lisent pas notre journal, c'est une chose avouée que les auteurs de ce fameux règlement sont des jésuites qui se cachent. C'est ainsi que s'écrit l'impartiale histoire. Les Mémoires du temps se feront d'après ces beaux documens, et ce sera une chose constante chez nos neveux, qu'en 1826 des jésuites ont institué à leurs profits une association, enveloppant la France comme dans un vaste filet; que le clergé ordonnait des exercices militaires dans les séminaires, et faisait sabrer par les gendarmes ceux qui n'aimaient pas les missions. Nos neveux croiront ces belles choses, et comprendront qu'il était tout naturel alors de faire une révolution pareille à celle d'Angleterre, tout aussi légitime et tout aussi bien justifiée par l'histoire. Et puisqu'on blâme la liberté de la presse, n'est-il pas évident que c'est le seul moyen de porter la lumière sur la vérité historique.

Pour nous, nous ferons aussi notre défi, puisqu'on n'a plus d'autre moyen de se faire écouter. Nous nions plus formellement qu'il y ait eu aux séminaires de Lyon aucun exercice militaire, ni rien qui y ressemble (1); et nous défions *le Courrier Français*, et ses députés, de prouver son assertion en aucune manière; de plus, nous ferons un pari : c'est que *le Courrier Français* n'insérera point notre démenti dans ses impartiales colonnes.

Les anciens accordaient des couronnes civiques aux citoyens qui s'étaient rendus recommandables par quelques actions éclatantes. Le boucher de Rouen, qui, seul, au milieu d'une populace soudoyée, a sauvé les jours d'un vénérable ecclésiastique qu'on allait étrangler, comme aux beaux jours de 1792, attend encore une récompense. Il n'a pas même obtenu, nous ne disons pas une marque de souvenir de la part de l'autorité, mais même une simple mention apologétique dans les journaux de Paris. La révolution l'eût déjà déifié; sa gravure serait partout à côté de celle du général Foy et du sergent Mercier, s'il eût rendu le plus léger service à la cause républicaine.

Lorsque les écrivains de la génération qui nous suivra voudront écrire notre histoire contemporaine, ce n'est pas sans étonnement qu'ils verront les députés de la France discuter froidement sur les moyens de racheter quelques esclaves de l'Orient, et de protéger la croix dans la Morée, quand les

(1) Les correspondans auraient-ils pris pour des exercices militaires les préparatifs des séminaristes pour la procession de la Fête-Dieu? Alors nous avouerions, non seulement que ces Messieurs ont fait des exercices, mais même des exercices à feu, car ils sont armés pour cela d'encensoirs.

prêtres sont égorgés, à quelques lieues du palais Bourbon, quand le sanctuaire est violé, quand la présence de Dieu même est un objet de dérision pour une multitude révoltée. Ah! vous appelez la pitié sur vos frères immolés par le glaive musulman. Vous sont-ils donc étrangers, ceux dont vous troublez la croyance, ces femmes timides, que vous chassez du temple saint comme de vils troupeaux. Vous voulez la liberté religieuse pour les habitans de l'Epire, vous la voulez même pour les pirates grecs qui visitent et pillent vos bâtimens. Avant tout, souffrez donc une liberte semblable pour vos concitoyens, pour ceux qui ont été élevés avec vous dans la foi de vos pères.

Ces réflexions nous ont éloignés de notre but primitif. En commençant ces lignes, nous avions pour but de provoquer la reconnaissance des bons Français pour l'homme dévoué qui a sauvé les jours d'un Missionnaire, et d'éveiller enfin la sollicitude de nos députés et du pouvoir sur la singulière intolérance que manifestent avec tant de fureur les apôtres du prétendu *tolérantisme politique*. Ces crédules sont avertis; les premiers coups ont été portés, et les fondemens de l'autel ébranlés. Les vociférations des impies de Rouen ont trouvé des échos chez tous les malveillans du royaume.

Les discussions relatives à la liberté de la presse, paraissent se ranimer. Continuera-t-elle à être abandonnée à ses propres excès, ou bien tentera-t-on de la restreindre? des mesures de répression viendront-elles la séparer de la licence? C'est le parti que semblent accueillir d'avance beaucoup d'esprits monarchiques, et certainement il serait le plus en rapport avec l'opinion générale; mais pourra-t-on recourir à ce moyen et en espérer le succès? Une loi nouvelle, plus claire, plus étendue que celle qui régit maintenant cette matière, sera-t elle mieux comprise? la verrons-nous *appliquée*? C'est ce qu'auront peut-être à examiner, dans la session parlementaire qui vient de s'ouvrir, les trois grands pouvoirs de l'Etat. Voici, pour éclairer la question, une espèce de statistique des abus actuels de la presse; nous livrons ce travail aux méditations des hommes d'Etat.

Dans un royaume très-chrétien, insulter le clergé et ébranler, par le scepticisme, la foi due aux principaux dogmes du christianisme ! sous le gouvernement si paternel d'un bon roi, exalter à tout propos, en toute occasion, les républiques nées et à naître ! déclamer sans cesse contre la noblesse héréditaire ! prêcher, appeler les bienfaits chimériques d'une prétendue égalité, là où la Charte a sanctionné une Chambre des pairs ! décrier les députés royalistes, qui pourtant représentent ce peuple que de loin en loin on proclame le seul souverain légitime, afin qu'il n'y ait pas prescription contre cette base de la démagogie européenne ! imprimer mille fois que Bonaparte fut, sans restriction, un grand homme, et répéter presque en face des fossés de Vincennes, qu'il fut le plus benin des usurpateurs ? compter avec une fastueuse sensibilité les larmes répandues sur la tombe de tels régicides !... Inviter, presser les citoyens, les engager, par tous les genres de séduction, à faire prospérer une souscription ridicule, pour venir au secours de la veuve et des enfans d'un général orateur, qui laisse néanmoins après lui une fortune dont se contenteraient ensemble trente familles des plus fidèles Vendéens ! demander des statues pour le même général qui poursuivit, de ses calomnies de tribune, deux rois malheureux, mais dignes fils de Louis XIV et Bourbons comme notre CHARLES X, lorsque dans Paris, l'étranger qui s'en étonne et le Français qui s'en afflige cherchent vainement encore les traits augustes et révérés de Louis XVI et le monument expiatoire promis aux mânes de l'infortuné duc de Berry, illustre mais récente victime des doctrines monstreuses dont le torrent deborde de toutes parts, et au nom desquelles fut élevé en 93 l'échafaud du Roi-Martyr ! répandre avec une scandaleuse profusion les mauvais livres, enfans de ces doctrines pernicieuses ! emprunter au génie du mal l'invention des éditions compactes, dans le but de mettre à l'usage de la petite propriété la bible travestie de Voltaire, les recherches impies de Dupuis, l'athéisme révolutionnaire de Payne, et les erreurs fatales des Diderot, Rousseau, Helvétius et Raynal, de manière qu'on peut lire de nos jours, chez l'ouvrier de nos villes commerçantes et jusques dans la chaumière du hameau, le vœu criminel, insensé, de la philosophie moderne : *Et mes mains ourdiront les entrailles d'un prêtre, à défaut d'un cordon, pour étrangler les rois !* rivaliser ainsi avec *Locuste*, que dis-je ? l'emporter sur cette célèbre empoisonneuse, l'amie de Néron, puisqu'en répandant le venin des esprits, on tue la religion et la vertu, qui sont en effet l'âme et la vie de toute société humaine ; vendre ou donner le poison, pour ainsi dire, volatilisé et réduit à la plus petite, mais toujours mortelle dimension, comme celui que renfermait la bague de Mithridate..... Tel est le tableau moral rapidement esquissé de la licence de la presse : on peut le trouver effrayant, mais c'est de vérité.

Les élections générales viennent de s'ouvrir en Angleterre. Ce sont les orgies de cette nation ; orgies parfois sanglantes. Déjà le peuple s'est soulevé, et quelques malheureux ont payé de leur vie une rébellion stupide, sans motifs et sans but, commencée dans le vin, terminée dans le sang. Ces indignes spectacles, que donne tous les sept ans la nation britannique, vont se continuer sous les yeux de l'Europe à qui il est convenu aujourd'hui, dans une certaine école, de donner l'Angleterre en exemple, et de proposer la constitution des trois royaumes comme le type unique de toute bonne forme de gouvernement. Cette opinion cependant, que Montesquieu, Voltaire et tout le 18.ᵉ siècle, avaient mise en honneur, a été rejetée par les meilleurs politiques du 19.ᵉ, et le petit nombre d'hommes éclairés, dont l'opinion doit finir par devenir dominante, est revenu, sur l'Angleterre, au jugement de Bossuet et au sentiment unanime du siècle de Louis XIV. Ces variations dans les jugemens qui s'accréditent successivement chez la même nation trouvent leur explication dans l'esprit plus ou moins religieux des différens siècles, et par conséquent dans leur disposition à adopter ou à récuser les doctrines catholiques comme règle de décision dans l'appréciation des degrés de bonté des divers systèmes politiques. L'Angleterre, république aristocratique, protestante, est appelée peut-être à prolonger sa domination sur l'esprit de la société européenne; dans cette hypothèse, son influence tendra à corrompre le principe politique de toutes les monarchies catholiques; c'est ce qu'elle a fait jusqu'ici; mais comme elle n'agit, de même que le protestantisme, que par une force de dissolution, genre de forces qui finissent par se détruire elles-mêmes, le dernier résultat de ces envahissemens progressifs de l'Angleterre sur la civilisation sera pour l'Europe, peut-être avant la fin du 19.ᵉ siècle, une de ces phases d'entier bouleversement précédées de secousses et de déchiremens multipliés, par lesquelles ont passé successivement toutes les contrées du monde, et qui ne reculent à leur tour devant la renaissance lente et pénible d'un nouvel ordre social, qu'après un règne plus ou moins long de la barbarie. Si l'on considere dans quelle cruelle agonie s'est éteinte la civilisation romaine, si faible et si mal constituée, on tremblera peut-être en pensant dans quelles convulsions devra expirer le système si plein de vie qui a fondé et gouverné l'Europe chrétienne pendant 18 siècles. Il est à croire que la crise française, dont un redoublement se prépare, n'est qu'un premier et faible accès de la maladie dont la société européenne se trouve déjà travaillée.

Pour ne considérer ici que l'Angleterre, une circonstance, qui lui est propre, lui permettra probablement de résister la dernière à une désorganisation commencée par elle. Cette circonstance, c'est sa forte aristocratie. Situation politique assez singulière, cause des plus grands embarras de l'Angleterre, mais remède à ses plus terribles difficultés. C'est elle qui, par une centralisation excessive des richesses, occasionne la misère du peuple, et par les doctrines de licence qu'elle professe, autorise les révoltes que fait naître cette misère; mais c'est elle aussi qui les réprime par cet instinct de sa conservation, qui la force à contredire ses principes. Ainsi, nous avons vu dernièrement la population ouvrière soulevée par masses effrayantes, refoulée par des forces insurmontables, sans qu'un seul moment d'hésitation, qu'on eût vu partout ailleurs, dans la situation où se trouve aujourd'hui le pouvoir en Europe, soit venu compromettre le salut de l'Empire.

Après la crise commerciale, arrive la crise électorale. Si l'Angleterre etait un Etat démocratique, comme on veut que le soit la France, et les autres pays qu'on éloigne en cela des voies de l'Angleterre, elle ne résisterait point à cette double épreuve. Mais qui ne sait d'avance quel sera le résultat des élections anglaises? Elles appartiennent, par un droit que personne ne peut lui contester, à l'aristocratie toute seule; et elle les paie assez généreusement, pour qu'elle n'ait pas à craindre de rencontrer un seul concurrent dans ce marché, où se vendent tous les sept ans, quelquefois plus souvent, les lois, les destinées, et par suite toutes les richesses des trois royaumes. Les pays voisins qui voudront imiter ce système ne le pourront faire que d'une manière mesquine et incomplète. En Angleterre, la corruption est *constitutionnelle*. On conçoit parfaitement que, pour organiser un système de ce genre, il faut deux choses : des acheteurs et des vendeurs. Or, ce n'est que là qu'on trouve une première nation accumulant toutes les richesses, maîtresse du sol comme des hommes, et une seconde nation, objet pour la première d'un souverain mépris, et qui n'a de valeur pour elle que l'argent qu'elle lui coûte quand il faut l'acheter. Ce n'est point trop dire pour qui connaît l'intolérable dédain de l'aristocratie anglaise à l'égard des prolétaires, mépris si bien justifié par le degré d'abjection où est descendue cette dernière classe. « C'est la raison, dit un publiciste, pour laquelle la partie saine de la nation s'est imposé les lois restrictives les plus sévères ; elle s'est condamnée à une réserve glaciale ; les distances entre les grands et les petits, les riches et les pauvres, ne peuvent plus se franchir ; les barrières de l'aristocratie sont devenues insurmontables ; personne n'aborde personne qu'avec calcul et précaution ; si l'on faisait autrement, on verrait bientôt les gens se replier avec dédain, surprise, ou terreur. »

L'aristocratie va donc envahir pour la centième fois les bancs de la Chambre des communes, elle y recommencera ce cercle de ses prédécesseurs : faisant naître les révoltes par l'encouragement de ses doctrines, les réprimant par la force de ses baïonnettes, mais détériorant chaque jour sa propre situation et celle de toutes les classes de la société par cette alternative continuelle de séditions et de répressions, de violences anarchiques et de violences légales, dans le choc desquelles la constitution anglaise finira par se briser.

En attendant, la nation achèvera de se démoraliser ; la corruption secondée par l'absence de toute éducation religieuse, et par la licence de cent mille feuilles publiques, ira toujours croissant. Tristes résultats qu'on ne peut cacher à l'Europe, et qui suffisent pour faire apprécier les théories anglaises à ceux que les habitudes de leur esprit portent à juger les systèmes politiques plus dans leurs effets que dans leurs principes. Nous avons entendu, cette année, M. Péel déclarer à la Chambre des communes, ce qu'au reste aucun Anglais n'ignorait, que le nombre des condamnations capitales a doublé en Angleterre pendant ces dernières années de paix, c'est-à-dire dès qu'il a été permis à la nation, débarrassée de sa lutte contre la revolution française, et retenue un moment sur le penchant de ses destinées par le génie de quelques grands hommes, de ne plus contrarier l'esprit de ses institutions. Il n'y a rien à répondre à des argumens qui se résolvent en chiffres ; et si le nombre des crimes de tout genre a crû, dans une proportion également effrayante, dans les autres pays qui ont érigé en système l'imitation de la licence anglaise, de pareils résultats ne doivent point être perdus pour ceux qui pensent que l'expérience est le meilleur juge des institutions humaines.

L'esprit d'indépendance favorisé par la religion et la constitution de l'Angleterre, et, il faut le dire encore une fois, la position respective de l'aristocratie et de la classe prolétaire, donnent l'explication de ce phénomène désolant. Pour ne s'arrêter qu'à la dernière de ces causes, qu'il suffise d'observer que, depuis que le lien religieux a été rompu par la réforme, la dernière classe se trouve, en Angleterre, dans un abandon complet pour tout ce qui regarde son éducation, sa morale, sa religion. Toutes les institutions de charité et de bien public ayant été détruites, le peuple s'est vu abandonné à une ignorance morale, à une corruption croissante, contre les désordres de laquelle sont aujourd'hui de faibles barrières, cette multitude d'institutions particulières, incohérentes, quelquefois contradictoires, que l'esprit d'association a enfantées depuis le dernier siècle pour remplir le vide affreux qu'ont laissé les violences et les spoliations de la réforme. Les peines, les supplices et tous les moyens coercitifs inventés successivement pour suppléer le moyen détruit de la religion, n'ont pu empêcher le nombre des crimes de s'accroître dans une progression continue. Le génie de Pitt, la constance de Coke ont échoué contre cette contagion envahissante, et Pitt comprit bien vîte qu'il lui était plus facile de dominer la politique européenne et de diriger les mouvemens de plusieurs États, que de mettre quelque ordre supportable dans la plus petite justice de paix de l'un des trois royaumes. La religion supplée à tout, mais rien ne peut la suppléer, et aucune institution civile ne peut remplacer une institution religieuse.

C'est une vérité que tout rend sensible en Angleterre. Nous ne parlerons point de ce nombre infini de prostituées qui ont fait de Londres la sentine de l'univers, du suicide, contagion de ce pays, de la plaie des enfans illégitimes dont le nombre est si au-dessus de ce qui se voit dans le reste de l'Europe, quoiqu'il n'y ait aucun pays où les avortemens soient plus communs et plus avoués. Mais pour ne nous arrêter qu'à un seul genre de crime, que nos lecteurs frémissent en apprenant que, d'après des calculs exacts extraits d'états officiels, et publiés, il y a quelques années, il ne se commettait, avant la Révolution, qu'un meurtre en France sur soixante-dix dans l'Angleterre et l'Irlande réunies. Depuis cette époque, la progression des meurtres en Angleterre s'est accrue encore dans une effrayante proportion, puisque, selon ce que nous avons déjà dit, le nombre des condamnations capitales a été double dans les huit années qui se sont écoulées depuis 1808 jusqu'en 1815, que dans les sept années précédentes. Cette progression a lieu pour tous les genres de crimes. Ainsi voyons-nous dans des états détaillés, que le nombre des accusations pour faux testamens, ou pour fausses lettres de change, qui, dans les quinze années écoulées de 1782 à 1796, n'avait été que de 230, s'est élevé dans les quinze années suivantes, à 627, et que le nombre des faux monnayeurs, qui, dans la première période, avait été de 808, s'est trouvé dans la seconde de 1,585. Nous n'avons pas les tableaux des quinze années qui ont suivi 1811, mais on peut être sûr que la progression ne s'est point ralentie. Dans la séance de la Chambre des communes du 9 mars de cette année, M. Péel, ministre de l'intérieur, annonçait que dans les années écoulées depuis 1808 jusqu'en 1813, 47,322 individus avaient été emprisonnés pour différens délits; dans les sept années suivantes le nombre des emprisonnemens avait doublé; il s'était élevé à 93,282. M. Péel ne disait pas dans quelle nouvelle progression le nombre s'était encore accru depuis 1822. Si l'on joignait à ce dernier calcul 101,500 décrets de prise de corps, terme moyen des emprisonnemens civils prononcés chaque année, on verrait que l'Angleterre, cette terre de liberté, est le pays du monde dont les habitans ont le plus de chances d'aller en prison. A une époque déjà reculée de quelques années, et où par conséquent le nombre des crimes était beaucoup moindre qu'aujourd'hui, on calculait qu'en donnant trente années pour terme moyen de l'existence de chaque famille, un tiers des familles se trouvait flétri pour vol dans cet intervalle. Une observation qu'il ne faut pas négliger, c'est que la lassitude des juges, croissant en raison de la multiplication des crimes, et tous ces tableaux de progression ne calculant que les crimes poursuivis par la justice, il ne faut connaître que d'une manière imparfaite le chancre hideux qui dévore l'Angleterre.

Nous sera-t-il permis de le demander? Quelle étrange fascination peut donner encore des défenseurs à un système qu'accusent de tels resultats? Quel fatal aveuglement entraîne les nations européennes, sur les traces de l'Angleterre, dans des voies de perdition et d'infamie?

Si l'on veut savoir ce dont notre siècle est capable en fait de versatilité, et comment du jour au lendemain les mêmes principes peuvent être soutenus et repoussés avec une égale énergie, il ne suffira plus de lire le fameux article de M. Benjamin Constant, inséré dans le *Journal des Débats*, du 19 mars 1815, et le livre qu'il publia peu de jours après; ces temps sont déjà loin de nous, et nous avons aujourd'hui un exemple bien plus frappant : ce sont les articles du *Journal des Débats* des 22 et 23 Juin. Le 22 Juin, ce journal à la nouvelle que dom Pédro résigne le trône de Portugal en faveur de don Miguel, élève la voix et proteste. « Ces *arrangemens* faits aux dépens d'une nation et sans l'avoir consultée, ont-ils le caractère de la légitimité? Un prince » héritier d'un empire dans son ensemble, a-t-il le droit d'en » céder à son gré telle ou telle partie, sans une nécessité évidente résultant d'une force majeure?.... S'il n'est question » que d'une abdication de la couronne du Portugal, le prince » n'abdique que ses droits personnels; et c'est encore à la » nation à défendre les siens et à s'opposer à tout ce qui leur » porte dommage. Les royaumes ne sont pas des patrimoines : » les peuples ne sont pas des troupeaux qu'on se partage par » lots de succession. Ce sont là des principes de droit public, naturel et éternel. La légitimité est réciproque et mutuelle entre une nation et la dynastie régnante; c'est le principe conservateur de tous les droits politiques : il protège » les rois, mais il les lie.

« *Une diplomatie qui change les droits légitimes, qui prend » le principe de la légitimité dans un sens unilatéral, en accordant aux princes la faculté de tout changer ad libitum, est » la véritable plaie de la vieille Europe. Elle amène nécessairement la dissolution du monde politique. Un principe » violé ne pardonne point.* »

Voilà ce que dit le *Journal des Débats* du 22; du reste, il trouve qu'indépendamment de la question de droit, dom Pédro a fait preuve de peu de sagesse, *il est un peu trop con-*

fiant dans les forces de son génie ; son caractère est entreprenant, mais il est plus impérieux qu'habile ; il abandonne les peuples dont Dieu et la nature l'avaient fait le père et le monarque. L'Angleterre y gagne de conserver sous son double protectorat, deux colonies, l'une dans le Portugal, l'autre dans le Brésil ; peut-être aussi se prépare-t-elle à dépouiller le Portugal de ses autres colonies, pour arrondir sa monarchie coloniale universelle, etc. etc.

Mais du 22 au 23 juin il y a un siècle. On a appris dans cet intervalle, que dom Pédro, non-seulement a prononcé la séparation éternelle du Portugal et du Brésil, mais qu'encore il a, par un acte de sa volonté, renversé les lois fondamentales du royaume de ses pères, et jugé convenable, à deux mille lieues du Portugal, de donner à ce pays une nouvelle constitution. Quel nouveau sujet aux plaintes du *Journal des Débats* ? Que d'éloquentes réclamations à ajouter à celles de la veille, en faveur de la légitimité des nations, du droit qu'elles ont de conserver inébranlables leurs lois fondamentales ! Quelles nouvelles et amères doléances sur *cette plaie de la vieille Europe, sur cette faculté que s'arrogent les princes de tout changer ad libitum.* Encore une fois, *les principes violés ne pardonneront point ; c'est là la dissolution du monde politique !*

Non, non, vous trompez ; les principes violés pardonneront, ou plutôt le *Journal des Débats* pardonnera aux principes violés. Quand ce Journal déclamait avec tant de chaleur le 22, il ne voyait en Portugal que dom Miguel et le triomphe d'une cause qui lui déplaît ; mais le 23, il voit une vieille monarchie remuée de sa base ; à chaque circonstance il fausse son langage : « Rendons justice à dom Pédro, » s'écrie-t-il ; ses intentions sont pures et généreuses ; elles » paraissent soutenues avec énergie. *Pourrait-on trouver » moyen d'éluder la volonté positive du souverain légitime, » agissant dans la liberté la plus entière, avec la spontanéité » la plus évidente ?* Nous espérons que cette volonté sera res» pectée. Puisse la noble et grande idée de dom Pédro triom» pher des préjugés étroits de l'esprit de parti ! »

Honte, honte éternelle à ces variations sans excuse, à cette profanation du raisonnement et de la parole, à ces hommes qui font entendre à la royauté le langage insolent des factions, quand ses actes leur déplaisent, qui adorent son omnipotence quand ils croient pouvoir la faire tourner à leur profit.

Dans des circonstances si singulières, que pouvons-nous dire autre chose si ce n'est que notre siècle, qui se prétend le siècle de la liberté par excellence, paraît cependant réservé à voir l'autorité royale dans le plus absolu développement de sa puissance, et élevée même au-dessus des lois. Les siècles précédens avaient agité ces hautes questions : L'exercice de la puissance légitime est-il toujours légitime ? Y a-t-il des lois fondamentales contre lesquelles tout ce qui se fait est nul de soi ? Quelles sont les limites des droits de la royauté ? Le siècle actuel a résolu toutes ces questions dans le sens de l'omnipotence des rois. Cette solution est-elle juste ? Nous nous félicitons de n'être pas appelés à prononcer. Les cabinets de l'Europe le sont peut-être en ce moment ; mais quoi qu'il en soit de ce droit, considéré d'une manière absolue, et indépendamment de ces grandes circonstances où la volonté de Dieu semble l'attribuer elle-même aux monarques, personne ne contestera que son exercice ne soit au moins la plus redoutable prérogative du pouvoir. Les sages, dans tous les temps, n'ont vu ces grandes commotions qu'avec effroi. En général, de tristes souvenirs sont mêlés à l'origine de ces changemens ; car on les a vus d'ordinaire suivre ou précéder de grands malheurs. Ce n'est pas sans de longs ébranlemens qu'on soulève une nation de ses fondemens pour la rasseoir.

Ici, nous le disons à regret, nous voyons une nouvelle victoire de l'Angleterre sur l'antique civilisation des monarchies catholiques européennes. L'Angleterre a conçu le dessein révolutionnaire d'imposer sa constitution à des nations qui en possèdent depuis des siècles une meilleure que la sienne. Ce projet remonte au temps de sa lutte contre Buonaparte, et à cette époque, elle avait déjà fabriqué une constitution pour ce même Portugal, une autre pour l'Espagne, funeste présent qui a coûté tant de sang à ce malheureux pays ; une autre encore pour la Sicile, et une enfin pour les colonies espagnoles. Comme l'Angleterre est constante dans ses projets, tenace dans leur exécution, que l'ancien esprit européen a fléchi devant elle, ses desseins s'accomplissent, et nos révolutionnaires, aujourd'hui ses plus fidèles alliés, battent des mains et répètent avec le *Constitutionnel* d'hier : *la révolution et les constitutions feront le tour du monde*.

Dans la circonstance actuelle, peut-être quelques fins de non recevoir pourront-elles être élevées par les cabinets de l'Europe. La renonciation de dom Pédro au trône de Portugal remonte plus haut qu'au 2 mai. Ce jour-là, elle a été publiée ; c'est le 29 août qu'elle a été prononcée. La révélation en a été faite à l'Europe dans notre feuille, il y a trois mois, et cette révélation a été jusqu'ici vérifiée de point en point. Puisqu'un traité a réglé les destinées du Portugal et du Brésil, et que ce traité contient la renonciation de dom Pédro et de sa branche aînée au trône du Portugal, si le droit public reconnoît la validité de pareilles renonciations, tout a été consommé par ce traité. De ce jour, des droits ont été ouverts en faveur du successeur de dom Pédro au trône du Portugal, ces droits lui sont acquis depuis la mort de Jean VI ; dans quel intervalle don Pédro a-t-il donc pu exercer la souveraineté sur un royaume qui ne lui appartient plus ? Sa position n'est-elle pas, en tout point, semblable à celle des Bourbons d'Espagne à l'égard du trône de France, et reconnaîtrait-on maintenant à ceux-ci, le cas échéant de l'extinction des Bourbons de France, le droit de changer les lois fondamentales de notre royaume ? Les cabinets de l'Europe ont donc droit d'exiger avant tout qu'on leur donne communication de l'article secret du traité du 29 août, par lequel a été réglée la succession du Portugal.

Mais en supposant, ce qui est incertain, que dom Pédro, à la mort de son père, fût encore roi du Portugal, peut-il imposer à son successeur une loi irréformable ? L'affirmative n'a pas été douteuse jusqu'ici ; mais dom Pédro la résout dans le sens contraire, puisqu'enfin, par le fait, il réforme une loi solennelle proclamée par son auguste père, qui avait promis au Portugal que son ancienne constitution resterait inébranlable. Il n'y a pas long-temps de cela, et il semble que ce ne devrait pas être en vain que de pareilles promesses fussent faites aux peuples, et que c'est un triste exemple à leur donner que celui de si fréquens et de si brusques changemens dans leurs lois fondamentales.

Voici quelques-unes des dispositions les plus remarquables de l'acte solennel, publié à Lisbonne par dom Jean VI, le 4 juin 1824 :

« Jean, par la grâce de Dieu, etc.

« Je fais savoir, à tous ceux qui liront ceci, qu'après avoir médité avec la plus mûre reflexion sur les principes de l'antique constitution portugaise, dans laquelle se trouvent cette harmonie merveilleuse et cette sage combinaison dont l'expérience de tant de siècles a montré les avantages incalculables pour la nation portugaise ; avantages tels qu'on ne peut attendre ni de plus grands, ni même d'aussi grands bienfaits d'institutions nouvelles et diverses; ayant enfin réfléchi que, *selon les maximes des plus sages politiques*, une nation ne peut retirer aucun avantage d'une forme de gouvernement qui n'est pas en conformité parfaite avec son caractère, son éducation et ses antiques usages, et que la tentative de réduire à un type général les usages particuliers des nations, *était très dangereuse et presque toujours impraticable : j'ai pensé qu'il ne convenait pas de démolir ce noble édifice de notre antique constitution politique composée de lois sages, écrites et traditionnelles, et qui, de plus, a été confirmée par le serment prêté par mes prédécesseurs et par moi-même, de maintenir les droits et les privilèges de la nation.*

« Considérant qu'en convoquant les anciennes cortès et en maintenant notre antique constitution, je conservais évidemment les anciennes habitudes, opinions et usages de la nation portugaise; que la majesté et la grandeur du trône restaient intactes dans tous ses droits; que ces mêmes cortès étaient une véritable, représentation nationale dans laquelle le peuple était représenté par ses mandataires, le clergé et la noblesse par ceux de ses membres qui ont le droit de voter; qu'enfin j'assurais la félicité publique, *non par des chemins nouveaux, incertains et périlleux, ni à l'aide de réformes précipitées et destructives, qui amènent la plus funeste subversion, ainsi que l'expérience nous l'a malheureusement montré*, mais par des chemins connus et frayés, et par l'amélioration progressive dans l'administration de l'état; que ç'avoit été en promettant faussement de convoquer les anciennes cortès qu'une faction rebelle et désorganisatrice avait ébloui le peuple portugais, tandis qu'elle n'avait en vue que d'opérer la destruction de ces institutions mêmes qu'elle proclamait, et de soumettre la nation au joug indigne dont je l'avais heureusement delivrée;

« Après avoir long-temps examiné ces raisons judicieuses et beaucoup d'autres raisons qui m'ont été développées par la junte avec tant de justice et de sagesse; me rappelant aussi que telle a été sur cet objet important, l'opinion de beaucoup de personnes *craignant Dieu*, fidèles à mon service, et zélées pour le bien de mon royaume; considérant encore *les maux qui ont toujours résulté de l'introduction d'innovations fondées sur des théories vagues et de constitutions compilées avec précipitation, et ordinairement rejetées par l'expérience;* convaincu que les devoirs que j'ai contractés lorsque la bonté divine m'a fait monter sur le trône, exigent que je *respecte et que je conserve dans leur intégrité* les droits anciens de la monarchie; connaissant surtout que l'ancienne constitution portugaise renferme en elle-même tous les élémens nécessaires à la conservation de notre sainte religion, de la majesté du trône, de la sécurité des droits individuels de tous nos sujets et du bon ordre de l'administration publique; qu'elle repose d'ailleurs sur le serment spontané que moi et tous mes augustes prédécesseurs, nous avons prêté au moment de notre élévation au trône; *qu'elle est enfin désirée par la grande majorité des Portugais*, et qu'en conséquence de tout ce qui a été dit, elle est la seule qui puisse réaliser ma promesse royale; après avoir entendu mon conseil d'état, j'ai trouvé bon de déclarer *que notre ancienne constitution politique est en vigueur.*

« J'ordonne donc à tous les tribunaux et à toutes les autorités civiles et ecclésiastiques, à tous les conseils municipaux, à toutes les villes, à tous les villages, à tous les citoyens, considérés individuellement et cumulativement, *de se le tenir pour bien entendu, sans aucun doute ni interprétation aucune, et aussi entièrement que cela est expliqué ici.* Et pour que cette lettre ait une publication directe, comme un diplôme solennel, public, incontestable, et qu'il reçoive toutes les formalités que prescrivent les lois et ordonnances, j'ordonne qu'il soit publié dans la grande chancellerie de mon royaume; qu'il soit scellé du grand sceau, etc., etc. »

On sait jusqu'à quel point les journaux de la Révolution abusent de la crédulité de leurs lecteurs, par les plus insolentes affirmations. Nous avons vu dernièrement le *Journal des Débats* assurer que les plus hauts emplois étaient entre les mains des Jésuites. Nous avons déjà eu l'occasion de faire quelques réflexions sur cette singulière hardiesse à avancer les plus étranges propositions. Le *Journal des Débats* lui-même, non celui d'aujourd'hui, mais celui de 1815 nous fournit sur ce sujet d'excellentes considérations qu'il sera bon de lui rappeler. Voici ses propres expressions:

« *Jusqu'à quel point est-il possible de tromper le peuple?* On sait que Voltaire a examiné cette question dans un de ces écrits étincelans d'esprit et de gaîté dont sa plume étoit si prodigue; mais Voltaire vivait dans un pauvre siècle, où l'on n'avait encore rien perfectionné. Si son existence s'étoit prolongée jusqu'au moment actuel, il auroit recommencé le *Roi de Boutan*. L'astuce d'un certain parti a outre-passé de si loin ses piquantes hyperboles, qu'elle ne leur a laissé ni sel ni originalité. On ne conçoit plus que l'imagination d'un tel homme se soit mise en frais pour n'inventer que cela.

» Cela n'a pas le sens commun, s'écrie-t-il. — J'en conviens; mais qu'importe le sens commun à ceux qui ont grand intérêt à mentir, et qui sont sûrs de se faire croire au moins de quelqu'un.

» Un degré d'absurdité de plus ou de moins dans l'imposture ne fait rien à son crédit, et *nous sommes tous d'Athènes en ce point.*

» Ce qui nuit par-dessus toutes choses au succès de la vérité, c'est que les honnêtes gens qui en embrassent la cause ne se persuadent jamais que le succès du mensonge soit possible, et c'est cependant le mensonge qui agit presque toujours, à l'exclusion de la vérité, sur les opinions populaires. Si un homme est surpris dans un village, racontant que Buonaparte a escamoté l'île de Sainte-Hélène et la mer Atlantique, et qu'il redescend avec tout cela sur le Continent, ne méprisez pas l'effet que cet homme cherche à produire, sous le vain prétexte qu'il a dit une chose dénuée de sens, et que la moitié du globe ne peut pas tenir dans la poche de Buonaparte. Ce conte fera beaucoup de mal, et celui qui le fait connaît mieux une certaine partie du peuple que vous ne la connaissez. »

Le Courrier, en répondant à nos articles sur l'institution *La Martinière*, trouve fort étrange que nous ayons osé faire l'éloge des Frères de la Doctrine chrétienne, et manifester le désir de voir fonder un ordre analogue pour l'éducation de la jeunesse pauvre pendant l'époque si critique des apprentissages. Comme on désigne aujourd'hui par le titre de *Jésuites* tous ceux qu'on dévoue à la proscription, *le Courrier* traite de *valets des Jésuites*, les Frères de la Doctrine chrétienne, dénomination, dit-il, qui leur a été appliquée par les Parlemens. Si le fait est vrai, j'en tire un argument de plus contre l'injustice des Parlemens. *Le Courrier*, en s'emparant de cette expression injurieuse, nous donne également une preuve de plus que c'est le catholicisme qui est poursuivi par la faction anti-religieuse, sous le nom de *jésuitisme*, puisqu'elle se sert de ce nom pour flétrir des institutions chères à tous les catholiques, et qui n'ont de commun avec l'institution des Jésuites que l'approbation et la faveur de l'Eglise. *La Gazette Universcrselle*, dit *le Courrier*, a double motif pour demander qu'on remette l'institution *La Martinière* entre les mains d'un ordre religieux; le premier c'est l'influence que ces religieux exerceraient sur la classe industrieuse, le second c'est le revenu de cinquante mille francs dont cet ordre disposerait. Nous avons le premier motif, nous ne nions pas le second. Il faut que *le Courrier* compte bien sur cette stupidité haineuse, caractère propre de l'irréligion, s'il pense accréditer le reproche de cupidité qu'il a le courage d'adresser formellement aux Frères. Qu'il se rassure ; ils n'en auront ni un lit plus doux, ni une table mieux servie, ni des vêtemens plus somptueux. C'est cette honorable pauvreté même, dont on peut être certain que rien ne les détournera, qui doit engager, il nous semble, les magistrats à leur confier sans inquiétude les moyens d'exercer sur la classe pauvre une influence qui tournera tout entière au profit de la société ; au reste, nous exhortons les Frères de la Doctrine chretienne à se consoler de ces injustes attaques, si le bruit en parvient jusqu'à eux. Ils ont pour eux, quoi qu'en dise *le Courrier*, *l'opinion publique la plus saine, la plus générale et la mieux connue, cette opinion publique devant laquelle on se prosterne quand on la suppose ou qu'on la fait conforme aux vues d'un certain parti, et qu'on repousse avec tant de hauteur et d'insolence quand elle lui est contraire.* C'est le témoignage que leur rend M. de Bonald.

Chaque année, on rédige au ministère de l'intérieur une analyse des procès-verbaux de la dernière session des conseils généraux de département. Cette analyse est mise sous les yeux du Roi qui y voit, dans un tableau abrégé, l'expression de l'opinion éclairée et motivée des principaux de ses sujets, non-seulement sur les intérêts si divers d'administration et d'utilité locale, mais encore sur les plus importantes questions de gouvernement et d'administration publique. L'analyse des vœux exprimés par les conseils généraux pendant leur session de 1825, vient de sortir des presses de l'imprimerie royale. C'est avec une vive curiosité et un sentiment continuel de satisfaction, que nous avons suivi cette intéressante série des opinions émises dans tous les départemens du royaume, sur toutes les questions qui touchent à la politique et aux besoins généraux, par les personnes les mieux faites pour en parler, et les plus intéressées par tout ce que réclament d'elles leurs familles, leurs propriétés, le soin même de leur réputation, au maintien et à l'amélioration des lois et de l'ordre public, à une marche sage et régulière dans l'administration, et à l'affermissement des institutions qui garantissent tous ces biens. C'est dans ces assemblées peu nombreuses, placées au centre des intérêts qu'elles sont appelées à protéger, rapprochées des regards de leurs concitoyens, indépendantes par honneur et par position, fermes et respectueuses, comme il convient, envers les dépositaires de l'autorité royale dont elles voient de près et dont elles apprécient la vigilance, les services et le zèle, qu'elles peuvent aussi avertir utilement de leurs erreurs, comme les encourager, sans flatterie, dans leur dévoûment; c'est dans ces assemblées qui présentent tant de garanties d'une discussion calme, raisonnée et loyale, et de délibérations mûries par un examen consciencieux, que le gouvernement a la plus grande certitude morale possible d'entendre exprimer la véritable opinion des peuples. La lecture des votes dont on vient de publier l'analyse, justifie cette proposition. On est consolé, après les avoir parcourus, de voir combien la France renferme encore de vertus et de véritables lumières, de quelles admirables ressources le gouvernement pourrait disposer, et quel appui il trouverait pour toutes les améliorations que le vœu public réclame depuis si long-temps, et auxquelles s'est jusqu'ici opposée je ne sais quelle déplorable force d'inertie. Oui, au milieu du désordre actuel des esprits, qu'on doit attribuer principalement aux excès de la presse et qui amènera bientôt le désordre de toutes choses, il faut le proclamer, la France possède tous les élémens de l'ordre et de la prospérité, toutes les lumières et toutes les bonnes intentions pour disposer ces élémens et les développer; et l'administration qui se persuaderait enfin qu'il y a vocation pour elle à s'occuper de la régénération de l'État, se verrait appuyée par l'opinion publique, la plus forte, la plus concordante, par l'approbation des plus honnêtes gens et des principaux citoyens de tout le royaume. Mais le malheur de l'administration est de se trouver placée au milieu du bruit étourdissant des coteries de Paris et d'une douzaine de journaux qui couvrent la voix unanime, grave et suppliante de tous les départemens.

Nous ne pouvons que rappeler brièvement les principaux votes émis. Les besoins de la religion ont paru les plus pressans à presque tous les conseils généraux. Un grand nombre de communes n'ont pas de curés, les pasteurs manquent aux besoins des peuples, mais les temples manquent à ce petit nombre de pasteurs. Partout on sollicite les secours du gouvernement pour relever les ruines des églises. Les églises monumentales surtout sont menacées d'une destruction rapide. Les faibles ressources des communes s'y abîment; et les cathédrales gothiques, ces magnifiques monumens du génie et de la piété de nos pères, ces témoins de la grandeur de notre nation dans des âges que nous appelons barbares, accuseront bientôt par leurs ruines l'ère véritable de la barbarie. Les réclamations s'élèvent de tous les côtés, et si des efforts extraordinaires ne sont faits, pour réparer l'incurie de quarante années, le 19.e siècle aura vu tomber la plupart de ces superbes édifices.

C'est une chose à remarquer que l'accord de presque tous les conseils généraux à réclamer pour les ministres de la religion une amelioration qui les place dans une situation indépendante des communes, et leur permette de renoncer au casuel, et de ne plus solliciter de la parcimonieuse libéralité des conseils municipaux un supplément de traitement. L'employé le plus subalterne dans toutes les administrations est mieux rétribué que les curés dans les communes rurales. Quelques conseils ont demandé pour le clergé une dotation permanente.

Presque tous ont demandé que l'éducation publique fût confiée à des ordres religieux; *c'est le désir de toute la France*, dit le conseil de Vaucluse; et le conseil des Bouches-du-Rhône, désigne pour ces fonctions, l'institution des Jésuites, *dont la religion et la société*, dit-il en termes exprès, *réclament avec instance le prompt rétablissement*. Ce même conseil a réclamé pour le clergé la faculté dont il jouissait autrefois, de se réunir en assemblée. Un autre a demandé l'érection en pairies d'un certain nombre de siéges, pour que la religion eût une représentation assurée dans la discussion des intérêts généraux. La fondation de corporations religieuses auxquelles seraient confiés tous les établissemens de charité et d'éducation de la classe ouvrière, a été également sollicitée; et nous nous félicitons de nous être rencontrés avec un vœu si sage, dans nos réclamations sur l'institution de La Martinière.

S'occupant ensuite des moyens les plus prompts de remédier aux désordres, fruits de la révolution et de l'irréligion, presque tous les conseils généraux ont poussé vers le trône un cri de douleur pour dénoncer l'effroyable débordement des productions impies et licencieuses de la presse; ils ont sollicité *des mesures promptes et énergiques*, pour arrêter la réimpression et la distribution de tant de livres pernicieux dont les campagnes sont inondées; le conseil de notre département s'est distingué par ses pressantes réclamations. Comment le vœu public, si fortement manifesté, n'a-t-il pas encore été écouté? Les évêques et les conseils généraux ont été unanimes sur cette importante question; la chambre des députés s'est prononcée plusieurs fois; pourquoi l'administration s'obstine-t-elle à pousser la France dans de si effroyables périls?

Les conseils généraux signalent comme le plus honteux scandale de notre nation, la législation actuelle sur le mariage; ils proposent comme moyen de régénération publique, une plus grande extension à la puissance paternelle; ils sont à peu près unanimes pour demander le reculement de l'époque de la majorité; un grand nombre désireraient une plus grande latitude pour la portion de biens dont il est libre aux pères de famille de disposer. Le rétablissement des corporations pour les diverses professions, arts et métiers; la suppression de la loterie et des jeux de hasard; une loi contre le duel et le suicide; une réforme de tout le système des prisons, la colonisation des forçats libérés, au moins pendant un temps d'épreuves; l'exécution de la loi sur les fêtes et les dimanches; des mesures promptes pour diminuer le nombre des cafés, billards et lieux publics, surtout dans les campagnes, et l'augmentation de la patente proposée comme moyen d'y arriver; la restriction de la faculté du port d'armes, et enfin une révision complète des lois depuis 1789, ont encore été sollicitées par les conseils généraux, comme essentielles à la régénération, à la sécurité et à la stabilité de la France. Que de bien on eût pu faire en douze années! que de changemens importans eussent été consommés, que de belles institutions fondées, si l'activité du génie français eût été habilement dirigée vers tant d'améliorations morales dont la Révolution avait fait sentir le besoin ou créé la nécessité, et pour laquelle son expérience même eût été si instructive! Mais cette admirable occasion a été gâtée. L'opinion publique, dont on prétend faire la base des nouveaux systèmes constitutifs, et qui, bien dirigée, eût été, il est vrai, d'un grand secours pour la réédification sociale, a été complètement négligée; car il est incontestable qu'on ne s'est jamais plus moqué de l'opinion que depuis qu'on lui a attribué, en théorie, des pouvoirs exagérés. On sait quel cas l'assemblée constituante a fait des cahiers de ses commettans; on voit quel cas on a fait depuis la Restauration des vœux unanimes et persévérans des conseils généraux. Quelques écrivains, dont aucun ne peut se prétendre un organe plus libre et plus respectable de l'opinion que le moins éminent parmi les propriétaires qui votent dans les conseils des départemens, entravent tous les résultats de la sagesse de ces conseils, intimident l'administration, exaltent la confiance du parti de la Révolution, et amènent, par le fait, le triomphe des volontés d'une minorité qui n'a cependant pour elle aucun des conseils généraux de la France. Cette minorité n'est-elle pas parvenue, par une manœuvre habile, à détourner l'attention du gouvernement, des complots des sociétés secrètes, révolutionnaires si vivement dénoncées par les conseils généraux, pour l'occuper exclusivement de ses clameurs hypocrites contre les associations de bonnes œuvres et toutes ces institutions de piété, le plus puissant obstacle aux progrès et aux desseins des sociétés secrètes politiques?

L'espace nous manque pour rappeler tant de vœux inspirés par la sagesse, tant d'utiles propositions renfermées dans les procès-verbaux des conseils. Qui pourra nier que les règles politiques qu'ils recommandent ne soient les seules qui conviennent à la France? Les conseils généraux ont parfaitement compris deux circonstances importantes de notre situation. Après les désordres d'une révolution, à laquelle ses principes survivent, et au milieu de la corruption produite par ces désordres et justifiée par ces principes, la première condition d'un système politique n'est-elle pas d'être essentiellement réprimant? Or, les progrès de la démoralisation sont tels, pour ne parler que d'un seul de ses effets, qu'il n'est presque pas un conseil général qui n'ait déclaré au gouvernement l'impossibilité où se trouvent aujourd'hui les départemens de porter le poids des dépenses qu'amène chaque année le nombre toujours plus effrayant des enfans trouvés. Le premier besoin de la France, dans une telle situation, est donc évidemment de resserrer tous les liens, de fortifier l'autorité, d'appeler toutes les institutions au secours de la religion, des pères de familles et des magistrats; et considéré, même sous le seul rapport des circonstances, le système proposé par les conseils généraux, est incontestablement préférable à celui qui semble avoir été adopté par la restauration et continué par l'administration actuelle.

Nous examinerons dans un prochain article les réclamations unanimes, élevées par les conseils généraux contre le système actuel de centralisation administrative.

Un prince de Salm-Salm, qui résidoit à Strasbourg, vient de se faire protestant. La défection de ce prince n'a étonné personne. Il avoit épousé une protestante, qui avoit pris aisément de l'ascendant sur son esprit, et qui, sans doute, a beaucoup contribué à cette démarche. Dès l'année dernière, le bruit de ce projet de défection s'étant répandu, M. l'evêque de Strasbourg fit offrir au prince d'avoir avec lui des conférences sur la religion : on eut peur de ces conférences, car il étoit aisé de prévoir qu'un prélat aussi habile, et qui joint l'esprit le plus aimable à la connoissance approfondie de la religion, aurait aisément triomphé des doutes d'un homme absolument étranger à ces sortes de discussions. On engagea donc le prince à refuser la conférence, et il eut la bonhomie de dire qu'il était hors d'état de soutenir la lutte avec M. l'évêque. Mais il ne s'agissait point de soutenir une lutte, et quelqu'un qui eût cherché de bonne foi à éclaircir ses doutes, n'eût pas refusé le moyen de s'éclairer. Plusieurs personnes bien intentionnées cherchèrent également à détourner le prince de son projet. Comme on l'engageait à entendre M. l'évêque : *Que voulez-vous,* dit-il naïvement, *que je trouve à répondre à M. l'évêque, puisque je ne sais pas me défendre auprès de vous?* Le prince, entouré de suggestions domestiques, a donc persévéré dans son projet : il a eu ordre de se retirer en Allemagne, où il vient de faire son abjuration. Le *Constitutionnel,* qui a rendu compte de cette affaire, la raconte toute à l'avantage du prince ; mais ceux qui connaissent M. de Salm riront un peu de cette *conviction religieuse, toute de sentiment, et fondée sur une lecture assidue de la Bible.* On sait assez que le prince ne s'est pas fatigué par trop de lecture et de contention d'esprit. Quant à son expulsion de France, nous ne voyons pas ce qu'elle a de si odieux : le prince de Salm n'est pas Français, ce n'est pas une chose bien dure que de l'engager à retourner chez lui. Nous persistons à croire que l'église protestante n'a pas beaucoup à s'enorgueillir d'une telle conquête.

(*L'Ami de la Religion.*)

« Les édits l'ont abolie, dites-vous ; elle a été frappée par » les lois de toute l'Europe catholique. La justice a fait entendre contre elle tous ses oracles, en sorte qu'il y a autorité de la chose jugée la plus solennelle. L'impiété n'a pas » eu tous les peuples, tous les rois et le pape même pour » complices. »

Ainsi, vous invoquez l'autorité ; et c'est aussi l'autorité qu'ils invoquent eux mêmes. Un saint pontife, dont la voix a été écoutée sans réclamation dans l'Eglise catholique, a prononcé leur rappel. Vingt de ses prédécesseurs les avaient solennellement approuvés et comblés d'éloges ; celui même, dont vous rappelez contre eux le souvenir, a protesté qu'il ne les sacrifiait qu'à la paix de l'Eglise menacée par les violences de leurs ennemis. Du reste, le concile de Trente avait proclamé leur institut sage et pieux, et les assemblées du clergé de France avaient pris leur défense, auprès du trône, contre des accusations injustes et passionnées. L'autorité la plus respectable, pour vous catholique, a donc prononcé ; elle vient de prononcer surtout après la plus terrible et la plus décisive expérience : après ces longs malheurs par où le Ciel instruit les âmes élevées; dans ce silence favorable où il aime à faire entendre sa voix, quand le bruit des révolutions et des passions est tombé. Les arrêts qui les ont proscrits ont-ils été prononcés dans des circonstances semblables? L'esprit, avant coureur de la chute des rois, ne dominait-il pas alors tous les Conseils? Les mœurs de la nation ne tournaient-elles pas à la licence, la monarchie à la république? Un Pombal, un Choiseuil, une Pompadour, sont-ce des juges qu'on doive rappeler, des autorités dont on puisse s'appuyer? La philosophie n'a-t-elle pas déclaré, par l'organe de d'Alembert, qu'elle seule avait dirigé les coups? Les cris de joie des sectes ennemies, de toutes ces sociétés, qui, plus tard, ont fait vanité de leurs complots, n'ont-ils pas célébré un triomphe remporté sur la religion? il y a un abîme entre leur disparition et leur retour, et cet abîme des révolutions qui n'a pu encore être fermé, a été creusé par la génération élevée dans les écoles qui leur ont succédé. Vous invoquez les oracles de la justice, Leurs juges n'ont-ils pas été convaincus de haine? n'avaient-ils pas usurpé les choses saintes? n'avaient-ils pas donné le douloureux spectacle d'une colère sans frein, en livrant aux flammes, par la main du bourreau, des bulles mêmes du souverain pontife? ne les a-t-on pas vus, par le plus terrible abus de la force, faire violence au Tribunal sacré, en usurper les redoutables fonctions, ordonner au prêtre d'absoudre les consciences au gré de leurs arrêts, et donner à l'Univers chrétien un scandale que leur sang versé depuis sur tant d'échafauds, que tant d'horribles profanations commises contre la religion par l'athéisme n'ont pu faire oublier? Ah ! nous avons ouvert notre sein au protestantisme; nous ne nous sommes pas inquiétés si son principe étoit en opposition avec le principe politique de la monarchie; nous avons oublié les avertissemens de Bossuet et fermé l'oreille à des prédictions menaçantes. Mais, horrible injustice! nous repoussons des Français catholiques, nous leur opposons des arrêts qui les ont dépouillés de leurs biens, exilés de leur patrie, sous l'injurieuse et contradictoire accusation que leurs constitutions, approuvées par l'Eglise universelle, étaient contraires à l'esprit de l'Eglise; que leur enseignement, approuvé pendant deux siècles par les hommes les plus sages de notre monarchie, était contraire à nos lois. Cependant un nouveau régime politique a remplacé l'ancien, nous avons assis l'Etat sur une base nouvelle, nous avons proclamé la liberté comme un droit universel, le pouvoir civil, sans attribution dans ce qui touche aux consciences, chaque Eglise souveraine, dans toute l'étendue de son domaine spirituel; et voilà tout-à coup qu'au mépris de nos lois nouvelles, nous évoquons les iniquités du siècle dernier, nous tirons du fourreau de vieilles armes, nous nous appuyons sur les parlemens, nous faisons rentrer de vive force le 18e siècle avec ses haines et ses folies, dans le 19e siècle, avec sa licence et ses erreurs? Mais si les arrêts des parlemens subsistent, ne se rappelle-t-on plus qu'ils ont condamné le jésuitisme comme entaché de luthérianisme et de calvinisme? Pouvez-vous diviser l'arrêt, adopter le *dispositif*, et rejeter les *motifs?*

Ah! n'affligez donc pas les gens de bien, en joignant une voix respectée à tant de voix d'injustice, de mensonge et de moquerie. Non, la calomnie ne peut prévaloir contre eux; la France ne peut supporter long temps le révoltant spectacle de tous les vices et de toutes les passions, faisant, sous les yeux du pouvoir, une guerre d'extermination à des hommes pieux, savans, fidèles, l'espoir de la religion et l'honneur de leur pays! Tous les peuples les ont repoussés, avez-vous dit, je ne veux point discuter; mais tous les peuples, instruits par l'expérience, les rappellent. S'il est vrai, comme vous l'assurez, que leurs sept établissemens renferment plus d'élèves que tous les colléges royaux réunis, quelle preuve plus éclatante du vœu national et de l'approbation la plus digne d'être respectée, celle des pères de famille! Vous le savez vous-mêmes, parmi les gens de bien, parmi les hommes religieux, c'est un infiniment petit nombre qui nourrit contre eux quelques préventions; mais il n'est aucun ennemi de religion, aucun corrupteur public, aucun homme de révolte ou d'impiété qui ne s'élève contre eux et ne les outrage. Cet accord n'apprend-t-il rien à un chrétien, à un politique, à un sage? Vous croyez peut-être leur présence inutile. Mais, permettez-moi de vous le demander, vous êtes vous bien rendu raison de la situation morale de la France? La corruption est descendue dans les classes inférieures, c'est-à-dire dans la masse; elle gagne, elle s'étend. Des états officiels en marquent chaque année le progrès; il n'est pas encore si effrayant qu'en Angleterre, pays abandonné; mais il est plus fort que les obstacles qu'on lui oppose, puisqu'il n'est point contenu, qu'il déborde et s'élève toujours. Ce fait ne parle-t-il pas assez haut? devez-vous donc rejeter une institution forte, habile à agir sur les classes populaires, dirigée par ses fondateurs vers ce but, assez dévouée pour entreprendre la guérison du mal et qui a fait ses preuves de sa capacité à le guérir? Concevriez-vous quelques alarmes de leur influence sur les peuples? Mais les rois les plus forts et les plus jaloux de leur autorité, Henri IV, Louis XIV, Frédéric, ne s'en sont point défiés. Le ministre le moins disposé à laisser envahir le pouvoir et rompre l'unité du gouvernemenl, le cardinal de Richelieu, les a aimés et appuyés. D'un autre côté, c'est le parti le plus obstiné contre l'autorité, le jansénisme, qui s'est toujours acharné sur eux, et soulève encore contre leur retour toutes les passions du mal. Si la Révolution les a en horreur, c'est comme les plus forts appuis de l'autorité des princes et des institutions légitimes. Un protestant célèbre a rendu ce témoignage à leur ordre qu'il forme comme un rempart commun à toutes les autorites. Les a-t-on jamais vus mêlés dans aucune sédition? Ils sont restés purs d'une révolution qui a vu fléchir toutes les réputations et toutes les vertus. Ils n'ont témoigné ni ressentiment, ni désir de vengeance, contre un ordre social, qui les avait pourtant traités en ennemis.

Ah! ne vous opposez donc plus à la volonté du Ciel. Il l'a suffisamment fait connaître. L'Eglise attend leur retour; l'Etat se félicitera de voir renaître, avec les instituteurs chéris de la jeunesse, la bonne éducation, fondement de la tranquillité des empires.

Le Courrier Français a lu avec un sentiment pénible le compte que nous avons rendu des vœux des conseils-généraux des départemens pour la prospérité de la France. Comme il était difficile cependant de ne pas voir dans les vœux des conseils l'expression d'une opinion respectable, *le Courrier* s'est vu réduit à dire que cette opinion était faussée, parce que *les jésuites se sont introduits en force dans les conseils-généraux, et se servent aujourd'hui de ce levier pour bouleverser la France à leur profit.* L'explication est ingénieuse, comme on voit, et répond à tout. Ce qui a surtout excité l'indignation du *Courrier*, c'est que le conseil de Vaucluse ait déclaré que *le désir de toute la France* appelait les Ordres religieux à diriger l'éducation publique, et que le conseil des Bouches-du-Rhône ait désigné pour ces fonctions l'institut des Jésuites, *dont la religion et la société*, a-t-il ajouté, *réclament avec instance le prompt rétablissement.* « Faut-il s'étonner, s'écrie » *le Courrier*, qu'en voyant manifester avec tant d'audace des » projets désastreux, on conçoive au dehors la plus triste » idée de la France, qu'on nous croie tombés entièrement » sous le régime sacerdotal, et livrés à un mécontentement » extrême? Voilà pourtant comme les Jésuites savent établir » au dehors la considération de la France. » Que *le Courrier* se rassure. Les étrangers ne trouveront point extraordinaire que la France sollicite le retour d'un ordre religieux, déjà rétabli chez eux. Les nations protestantes elles-mêmes ne peuvent s'étonner de la manifestation d'un vœu semblable. Les Anglais savent que leur Bacon proposait les Jésuites pour modèles à tous les instituteurs et regrettait de ne pas les voir établis en Angleterre. *Dès qu'il s'agit d'éducation*, disait-il, *le plus court est de consulter les écoles des Jésuites ; je ne puis voir l'application et le talent de ces maîtres, pour cultiver l'esprit et former les mœurs de la jeunesse, que je ne me souvienne du mot d'Agésilaus sur Pharnabaze :* ETANT CE QUE VOUS ÊTES, POURQUOI FAUT-IL QUE VOUS NE SOYEZ PAS A NOUS? Les Allemands se rappellent les témoignages de leurs plus grands hommes sur cette société célèbre; le suffrage de Muller, Leibnitz et Grotius, tous les trois protestans, est assez glorieux aux Jésuites.

Pour la France, les conseils-généraux ont eu raison de déclarer que son vœu appelait les ordres religieux à diriger l'éducation publique. *Le Courrier* nous permettra d'appuyer l'autorité des conseils-généraux, de l'autorité d'un homme qu'il invoque lui-même depuis quelque temps. Or, M. de Châteaubriand écrivait, il y a quelques années : « Il n'y a » aucun doute que l'education publique ne doive être remise » entre les mains des ecclésiastiques et des congrégations re» ligieuses aussitôt que l'on pourra : *c'est le vœu de la France.* » Ceci est assez positif; et M. de Châteaubriand avait dit dans un autre ouvrage : « L'Europe savante a fait une perte *irré» parable* dans les Jésuites. L'éducation ne s'est jamais bien » relevée depuis leur chûte. Ils étaient singulièrement agréa» bles à la jeunesse; leurs manières polies ôtaient à leurs » leçons ce ton pédantesque qui rebute l'enfance. Comme » la plupart de leurs professeurs étaient des hommes de lettres » recherchés dans le monde, les jeunes gens ne se croyaient » avec eux que dans une illustre Académie. Ils avaient su éta» blir entre leurs écoliers de différentes fortunes une sorte de

» patronage qui tournait au profit des sciences. Ces liens, » formés dans l'âge où le cœur s'ouvre aux sentimens géné- » reux, ne se brisaient plus dans la suite, et établissaient » entre le prince et l'homme de lettres, ces antiques et nobles » amitiés qui vivaient entre les Scipion et les Lelius. »

Je ne sais si ces explications convaincront *le Courrier*. S'il est de bonne foi, elles doivent au moins l'engager à réfléchir. Mais que parlé-je de bonne foi? Ne donne-t-il pas, dans ce même article auquel nous répondons, une preuve affligeante des passions haineuses sous l'inspiration desquelles il écrit, en répétant contre nous une allégation dont il connaît l'injustice? Nous nous étions déjà expliqués avec lui d'une manière assez claire et assez précise pour qu'il ne lui fût plus permis d'émettre le moindre doute sur l'indépendance absolue de notre Feuille. Nous en avons d'ailleurs donné assez de preuves, pour n'avoir plus besoin de nous justifier d'une imputation dont tous nos articles démontrent la fausseté! Mais en la répétant méchamment, on espère nuire à l'effet qu'ils sont peut-être appelés à produire. L'affectation misérable avec laquelle plusieurs journaux de Paris viennent de répéter contre nous la même insinuation, auroit peut-être le droit de nous inspirer plus d'orgueil que de chagrin, puisqu'enfin elle paraîtrait prouver quelque crainte de l'autorité que pourrait acquérir l'expression si franche et si impartiale de nos jugemens sur les graves questions qui agitent et partagent les esprits. L'examen que nous avons fait jusqu'ici de ces questions, nous a amenés plus d'une fois à exprimer un blâme assez vif de la conduite de l'administration. Nous avons manifesté notre dissentiment avec toute la liberté que nous accordent nos institutions, avec toute la modération que réclament des convenances de l'ordre le plus élevé. En cela, notre conduite s'est tenue également éloignée, et des procédés injustes et violens des diverses oppositions systématiques, et de l'officieux dévoûment avec lequel sont défendus les actes de l'administration par les journaux qui lui appartiennent. Les hommes sages, les amis de la religion et des lois, tous ceux qui sont affligés de l'indécision du ministère et effrayés des maux qu'elle nous prépare, mais qui savent quels droits l'autorité a toujours aux respects des citoyens, ont approuvé la conduite que nous avons tenue, et nous encouragent à suivre cette ligne de sagesse et de justice. Nous ne nous en écarterons point. Nous laisserons les allégations de nos adversaires se détruire par leur invraisemblance seule.

Comment *l'Aristarque* a-t-il pu dire que notre Feuille, *organe avoué du ministère, était envoyée concurremment avec* le Moniteur *à deux cent quatre-vingts Députés?* Le soin même qu'il prend à préciser ainsi ce nombre, pour donner à son accusation une couleur de vraisemblance, n'en accuse-t-il pas l'imposture? Nous avons l'honneur de compter parmi nos abonnés un certain nombre de membres de la Chambre des députés; nous ne sommes pas encore assez heureux pour le voir s'élever aussi haut que le croit *l'Aristarque;* mais tous peuvent dire si c'est avec *le Moniteur* qu'ils reçoivent notre journal, et si c'est le ministère qui le leur adresse.

Le *Journal des Débats* insinue doucement à ses lecteurs un mensonge du même genre qu'il veut accréditer : la *Gazette Universelle de Lyon est rédigée*, A CE QU'IL PARAIT, dit-il, *sous l'influence de la police de Paris.* On voit combien ces mots, *à ce qu'il paraît*, ont de finesse dans sa bouche. C'est-à-dire peut-être que tous nos articles révéleraient suffisamment leur origine, et que l'accusation n'a pas besoin d'autres preuves. Comme nos lecteurs ont pu suffisamment juger par eux-mêmes si telle est la conclusion qu'on doit tirer de la lecture de nos articles, nous nous en rapportons avec confiance à leur décision. Du reste nous déclarons que nous nous empresserons de rendre à notre honorable concitoyen, M. le directeur de la police générale, toutes les fois que l'occasion s'en présentera, un hommage mérité; mais qu'en lui prêtant une influence quelconque sur la rédaction ou l'esprit de notre Feuille, le *Journal des Débats* a dit une chose qu'il doit savoir n'être pas vraie. A quelles petitesses la haine ne fait-elle pas descendre; et que ces rois de l'opinion qui prétendent éclairer le monde, vus de près, sont dignes de pitié! *Allez voir, mon fils,* disait le lord Chesterfield, *par quels hommes le monde est gouverné!*

Passerons-nous à une accusation d'un autre genre. Selon *le Constitutionnel,* ce sont les Pères de Dôle et de Forcalquier qui rédigent *la Gazette Universelle;* un autre journal nomme les Pères de St-Acheul. Nous avons déjà répondu assez cathégoriquement à cette allégation; nous renvoyons nos lecteurs à cette réponse (1), en répétant que nous sommes complètement privés du secours qu'on nous suppose, et qu'aucun Jésuite n'a encore inséré une seule ligne dans notre Feuille. Nous donnons ces explications, parce qu'il nous importe,

(1) Voy. nos numéros des 19 mars, 29 mai et 1.er juin.

pour conserver nos droits à l'indulgence de nos lecteurs, que notre position soit connue. Nous savons, au reste, que la mauvaise foi ne se laissera point désarmer par des explications, dont certes elle n'avait pas besoin. C'est un des inconvéniens de la situation où nous nous sommes placés, et nous nous y résignons. Permis donc *au Globe* de nous représenter encore comme *le grand centre d'action de la Congrégation sur le midi de la France.*

Nous demandons pardon à nos lecteurs de les entretenir encore une fois des attaques des journaux révolutionnaires contre *la Gazette Universelle* de Lyon ; mais elles viennent de se renouveler dans *le Constitutionnel* avec une fureur si bizarre, qu'elles nous forcent à rompre de nouveau le silence. Après avoir, dans un exorde à la Catilina, anathématisé le despotisme et l'ignorance, outragé, en passant, l'Espagne et l'Italie, foudroyé les Jésuites et terrassé la Congrégation; après avoir accumulé, dans une violente harangue, tous les sujets de plainte du libéralisme, *le Constitutionnel*, ramassant ses forces et son indignation, et, selon le précepte de l'orateur romain, réservant pour la fin ses argumens les plus puissans et les plus grands éclats de sa colère, révèle en ces termes à la France et à l'Europe un épouvantable complot qui vient d'éclater à Paris :

« Le vendredi, 30 juin dernier, de très-bonne heure, on » a répandu à Paris une quantité immense de brochures dont » voici les titres : *Extraits de la Gazette Universelle de Lyon*, » articles des 22, 26 et 31 mars 1826, etc., etc. (suit la no» menclature des dates des divers articles de *la Gazette Uni*» *verselle* reproduits dans ces brochures). Chacun sait, conti» nue *le Constitutionnel*, que Lyon est un des quartiers-géné» raux de l'armée des Jésuites, et que *la Gazette Universelle* » de cette ville leur appartient (1) ; ainsi, on aperçoit et l'en-

---

(1) Nous avons déjà eu occasion de dire qu'il n'y a pas un seul Jésuite à Lyon. Les journaux libéraux n'en répètent pas moins de nouveau, aujourd'hui même, avec une assurance risible, que notre Feuille est rédigée par les Jésuites de Lyon, sous le patronage de M. Franchet. Nous avons répondu, dans notre précédent Numero, à ces singulières allégations; on y revient avec une persistance qui décèle le projet de nuire à notre Feuille, et d'annuler son influence. Du reste, un des journaux libéraux (*le Pilote*), en nous représentant comme *en correspondance directe avec la Quotidienne*, qui, certes, n'est pas en correspondance avec le

» nemi et le but. Voilà l'objet de ces distributions d'écrits » attentatoires à la Charte.

» Audacieux intrigans, ne vous flattez pas encore! N'a- » vons-nous pas les sermens du prince prêtés au pied des au- » tels? Le sang du grand Henri ne coule-t-il pas dans ses » veines? Jugez de l'horreur que vous devez lui inspirer. Ne » voyez-vous pas l'indignation qui se manifeste contre vous » de toutes parts? Non! ne comptez pas sur le succès; les » intérêts du trône et de la France réuniront contre vous » tous ceux qui aiment le prince et la patrie, et vous ne re- » cueillerez de vos coupables essais qu'un titre de plus à la » réprobation universelle! »

Voilà qui est foudroyant. Des attentats à la Charte; des intrigues audacieuses; le sang d'Henri IV se révoltant contre nous; l'horreur que nous inspirons au Roi; l'indignation qui éclate de toutes parts; la réprobation universelle! Et quel crime affreux nous vaut de pareilles apostrophes; attire sur nous une si redoutable explosion de colère? Hélas! nous avons cru que la liberté de la presse existait pour nous comme pour *le Constitutionnel;* nous avons réimprimé quelques-uns des articles de notre Feuille, et nous les avons distribués dans le public, pour répandre davantage la connoissance de *la Gazette Universelle* et accroître le nombre de ses abonnés. Voilà le crime que nous avons commis; voilà le grand évènement pour lequel *le Constitutionnel* fait intervenir le Roi, la France, la Charte et les Jésuites. Nos lecteurs connaissent tous ces articles, qui ont été réimprimés sans notes ni commentaires. Nous en avouons de nouveau les principes; nous continuerons d'en professer la doctrine. *Le Constitutionnel* s'indigne qu'on ait pu avoir la pensée *de les opposer*

---

ministère, detruit suffisamment, par cette allegation, l'allégation contradictoire de ses confrères. Est-il besoin de dire encore une fois que le motif qui a determine les proprietaires de la *Gazette Universelle* à embrasser cette entreprise, c'est la necessité d'ouvrir enfin une tribune au royalisme religieux degage de tous les liens de coterie et d'ambition. C'est un nouveau *Conservateur* qu'ils ont voulu opposer au protestantisme politique, qui a fait de si effrayans progrès depuis que plusieurs des hommes qui rédigeaient l'ancien *Conservateur* ont deserté leur drapeau et marchent maintenant sous des bannières ennemies. Ils y consacrent leur temps et leur fortune, et ils esperent que la purete de leurs motifs, la sincerite de leur conviction, leur ardent amour de la patrie, suppleeront aux talens qu'ils envient a leurs devanciers.

aux résumés historiques, aux livres à cinq sous, à la bibliothèque populaire. Ce qui prouve, dit-il, *la mauvaise foi de ces hommes et le but fatal vers lequel ils marchent, c'est que, pendant qu'ils font une guerre de tous les jours aux moyens employés pour faire le bien, ils emploient ces mêmes moyens pour faire le mal.* Vous voyez, dans cette dernière phrase, le dernier terme de la licence de la presse. Laissez quelque liberté à l'esprit d'impiété, il commencera par demander timidement qu'on oppose aux méchans un peu moins de vigueur, qu'on diminue un peu de la faveur exclusive accordée aux gens de bien. Si cette première tentative lui réussit, il essayera bientôt d'affaiblir l'influence de ceux-ci par le reproche d'exagération fait à leurs doctrines et à leurs actes; de rétablir les premiers dans l'opinion, par un système adroit d'interprétations indulgentes; puis, profitant enfin de l'empire que lui auront donné sur les esprits des sophismes habiles, présentés avec art, et répétés avec constance, il finira par appeler hardiment mal ce qui est bien, et bien ce qui est mal. S'il parvient alors à se faire croire, son but sera atteint; la presse aura produit son plus terrible effet; une révolution sera consommée dans les mœurs; elle suivra bientôt dans l'Etat.

Nos réflexions sur les derniers actes de souverainet l'empereur don Pédro, accueillies par la *Quotidienne*, ont mérité la réprobation du *Courrier Français*, et les attaques du *Constitutionnel* et du *Pilote*. La chaleur même avec laquelle, à cette occasion, on s'est élevé contre nous, nous confirme dans la certitude que la révélation faite dans notre Feuille, de l'article secret du traité du 29 août, qui règle la succession du Portugal, était basée sur un fondement solide (1).

---

(1) « Le traité du 29 août contient un article secret :

« Par cet article, l'empereur don Pedro renonce à ses droits sur la couronne de Portugal et des Algarves en faveur de sa seconde fille, sa fille aînée devant succéder à la couronne du Bresil.

« Mais le 2 décembre il est né un prince, et c'est lui qui s'assiera sur le trône du Bresil.

« En conséquence, la fille aînee de l'empereur, *Maria da Gloria*, est appelée au trône de Lisbonne.

La conduite de don Pédro, si parfaitement prévue et si clairement prédite dans notre N.° du 18 avril, justifie d'ailleurs suffisamment toutes nos assertions à cet égard (1). Comme la grande question qui s'agite dans ce moment se rapporte nécessairement à cet article secret, qu'il est la loi de toutes les parties contractantes, et la base du droit public pour le Portugal et le Brésil dans leurs nouvelles positions respectives; comme tous les cabinets ont reconnu la séparation du Brésil et du Portugal, et par suite, la validité des conditions qui ont amené cette séparation, point de doute que c'est aujourd'hui une question importante du droit public européen, que l'examen de la validité des actes qui viennent de renverser les lois fondamentales du Portugal, et que cet examen nécessite la communication du traité entier du 29 août. Des raisons de convenance ont pu, pendant la vie du feu roi de Portugal, nécessiter un secret impénétrable pour les dispositions que le chef de la maison de Bragance ordonnait au double titre de père et de roi, après avoir solennellement garanti à ses peuples que leurs lois fondamentales demeureraient immuables, et que le vœu national, les engagemens de la royauté,

---

« Or, chacun sait que cette princesse est destinée a epouser l'infant don Miguel.

« Ainsi, malgre l'habilete de sir Charles Stuart, la diplomatie anglaise se trouve en defaut. »

(Lettre de l'*Anonyme bresilien*, inseree dans notre N.° du 13 avril.)

« Je reviens sur les circonstances qui ont entoure le traité du 29 août.

« Lors de la discussion, l'empereur manifesta l'intention de renoncer pour lui et ses successeurs au trône de Portugal et des Algarves.

« Telles n'etaient pas les instructions de sir Ch. Stuart. Ce qui conviendrait à l'Angleterre, c'est une longue *regence* à Lisbonne.

« L'illustre negociateur objecta que le vœu de Jean VI etait que la seconde fille de l'empereur fut substituee a ses droits.

« Or, il n'entrait pas dans la politique du cabinet de St.-Cristophe d'insister sur ce point, et l'article secret fut redigé en conséquence.

« La naissance d'un prince à derange ces hautes combinaisons politiques, et quoi qu'en dise *le Time*, *don Miguel et Maria da Gloria* regneront ensemble a Lisbonne.

(Lettre de l'*Anonyme bresilien*, inseree dans notre N.° du 14 avril.)

(1) « Je le declare hautement, nous ecrivait a cette epoque notre correspondant anonyme, don Pedro ne dementira pas sa conduite. Son premier soin, a la reception de la nouvelle de la mort de Jean VI, sera de renouveler sa renonciation, et il dira encore, comme il a dit tant de fois. *Do Portugal nada, nada queremos!* NOUS NE VOULONS RIEN DE PORTUGAL, NOUS N'EN VOULONS RIEN! »

tous les droits légitimes et la majesté de tant de sermens si souvent répétés, ne seraient jamais violés. La raison de ce secret a cessé aujourd'hui. Le roi de Portugal et l'empereur du Brésil, sous les auspices de l'Angleterre elle-même, ont consenti l'importante disposition qui forme la base du traité du 29 août; puisqu'elle est condition essentielle, elle doit être publiée. On conçoit que l'Angleterre, qui n'avait pas compté sur la chance de la naissance d'un prince impérial pour le Brésil, soit désespérée de voir don Miguel, qu'elle avait voulu éloigner à tout prix du trône de Portugal, comme le plus grand obstacle qu'y pût rencontrer sa puissance, revenir à ce trône par l'effet même des précautions prises contre lui; mais enfin l'Angleterre ne doit pas être plus forte que les traités, et quoique M. Canning ait proclamé plusieurs fois que la Grande-Bretagne ne reconnaît d'autre loi que son intérêt, la Grande-Bretagne ne doit pas s'attendre à voir les autres nations adopter sa commodité comme base du droit des gens au 19.ᵉ siècle. L'intérêt de toutes les familles régnantes est donc de demander la lumière sur cette grande question. La légitimité toute entière se trouve mêlée dans ce débat; il s'agit de savoir quel est le successeur de Jean VI, et ce premier point éclairci, les puissances légitimes auront encore à juger si le droit public européen reconnaît, dans toutes les circonstances, sans autre règle que le bon plaisir, et sans autre nécessité que la convenance de l'Angleterre, le droit de bouleverser les lois fondamentales d'une nation, sans égard pour les droits acquis, et pour les plus chers intérêts des nations limitrophes.

Il est si vrai que l'article secret du traité du 29 août devient aujourd'hui l'unique voie de solution de toutes les questions soulevées par la conduite de l'empereur don Pédro, que les journaux libéraux, résolus à imposer une nouvelle constitution au Portugal, dirigent tous leurs efforts contre cet article, dont ils nient hardiment l'existence, sans aucune preuve et contre tant de probabilités équivalentes à une certitude. Pour faire croire que la révélation de cet article, dans notre Feuille, n'était qu'une intrigue ourdie contre les droits de don Pédro, le *Courrier Français* a déclaré, dans son N.° du 2 juillet, avoir reçu de Madrid une lettre où on lui annonce qu'on s'élève dans cette capitale, comme à Lyon, contre les derniers actes de don Pédro, sous le prétexte d'un article secret dans le traité du 29 août. De là, la supposition plausible d'un concert entre le parti apostolique à Madrid et le parti jésuitique en France; car le *Constitutionnel*, à cette occasion, dit que *ce sont les Jésuites de Lyon qui excitent le Portugal à la désobéissance et à la révolte*, et, au dire du *Courrier*, *Mont-Rouge*, *Lyon et Madrid sont les chefs-lieux et grandes succursales du despotisme ;* quoique, la veille, le même *Courrier* eût prétendu que c'était de Paris que nous arrivaient nos articles tout faits, chose aussi vraie que l'existence des Jésuites à Lyon, et que les commanditaires qu'un autre journal nous donne à St.-Acheul.

Nous fûmes étonnés de la missive adressée de Madrid au *Courrier Français ;* et comme aucun autre journal en Europe que le nôtre n'avait eu jusqu'ici connaissance de l'article du traité du 29 août, nous comprîmes bientôt que cette lettre, qu'on donnait comme venant d'un haut personnage, n'était qu'une invention dans le but de détourner l'attention des politiques de l'article secret dont nous conseillions aux cabinets de demander communication. L'affectation avec laquelle la lettre du *Courrier* niait l'existence d'aucun article secret, dans le traité de Lisbonne et de Rio-Janéiro, était trop singulière pour ne pas exciter notre défiance : « Vous savez aussi » bien que moi, disait le correspondant supposé, qu'il n'existe » aucun article secret dans le traité en question. Vous savez » que ce traité n'est que l'expression du vœu de Jean VI, pour » que le Brésil fût de son vivant séparé du Portugal, et que » dans ce même traité il a consacré les droits de son fils aîné. » Il n'existe aucun acte, sous aucune date, par lequel don » Pédro ait cédé la couronne de Portugal. Au reste, je puis » affirmer que toutes ces idées de déclarer don Pédro étran- » ger, ou de dire qu'il a abdiqué par un acte secret, ont été » suggérées à nos apostoliques par leurs affiliés de Paris. C'est » là, c'est dans le club des P. R. H. A. qu'elles sont élaborées, » et c'est leur correspondant Can... qui les transmet ici. C'est » de leur part une perfidie inouïe, car ils savent la fausseté de » tout ce qu'ils avancent. »

Toutes nos conjectures sur l'imposture de cette fameuse lettre étaient fondées. Ce concert entre les apostoliques de France et ceux de la Péninsule, ce complot si habilement tramé contre les droits successifs de don Pédro, ce club de Paris, ces initiales mystérieuses qui semblent annoncer un politique bien informé, ce correspondant Can..., qui de Paris, met en mouvement les apostoliques de la Péninsule, toutes ces apparences si bien colorées ne sont qu'une invention ingénieuse d'un cerveau libéral de Paris, dirigée contre l'effet qu'est appelée à produire la révelation importante faite le 9 avril dans notre Feuille, répétée si souvent depuis, et si exactement justifiée par les événemens survenus. Le ministère vient de déclarer, dans l'*Etoile*, que n'ayant point communiqué au gouvernement espagnol les dépêches du Brésil, par la voie du télégraphe, mais par un simple courrier, il était physiquement impossible qu'on connût à Madrid, avant le 26 juin, les nouvelles reçues par le gouvernement français, et qu'ainsi les lettres que le courrier annonçait avoir reçues de Madrid, en date du 23 juin, et dans lesquelles on lui aurait donné des nouvelles sur l'effet produit dans cette capitale par la nouvelle de la Charte donnée au Portugal par l'empereur don Pédro, étaient une pure invention dans le genre du fameux manifeste de l'empereur Alexandre publié dans le *Constitutionnel*.

Et voilà cependant à l'aide de quelles machinations s'avancent à leurs fins des hommes à qui nuls moyens ne répugnent. Que penser maintenant d'une imposture, si habilement combinée, et des étranges efforts sous lesquels on cherche à étouffer la vérité? Quels sont les auteurs de ces coupables intrigues? Quel intérêt si puissant les porte à amasser des nuages autour de cette question? Ce qui ressort de toutes ces menées, n'est-ce pas évidemment l'importance d'une révélation, contre laquelle on dresse de telles inventions? et les relations connues du *Courrier-Français* avec des personnages importans du Brésil, le soin qu'il a pris, avant même que la disposition de l'article secret fût révélée dans notre Feuille, de donner le change sur une chose que probablement ses correspondans connaissaient bien, doivent ils être pour les cabinets un sujet de légères réflexions? On se rappelle qu'il y a trois mois, lorsque le *Journal des Débats* disait : « Qui sait par quels articles secrets la politique de l'Angleterre a déjà prévu et arrangé ces affaires? Assurément il » existe un secret; » dans le temps où le *Constitutionnel* employait ces expressions : « Le cabinet de St.-James va rendre » sans doute publique la partie secrète du traité de Lisbonne » et de Rio-Janéiro, touchant les droits de l'empereur don » Pédro à la succession de la couronne de Portugal et des » Algarves; » lorsque l'*Aristarque* tenait le même langage, le *Courrier Français* parla, comme d'un bruit répandu, d'un article secret d'après lequel la couronne de Portugal devait, à la mort de Jean VI, échoir à la fille de don Pédro; mais il ne désignait point laquelle, et pour donner le change, il ajoutait : *Cette disposition a été en effet l'objet de longues discussions entre les plénipotentiaires ; mais nous apprenons aujourd'hui qu'elle n'a point été adoptée, et que le traité n'a rien stipulé sur la succession au trône de Portugal.* Et cependant cette succession était réglée, comme nous l'annoncions et comme l'événement l'a prouvé. Mais dès-lors, le *Courrier* se rendait l'organe des intérêts de l'Angleterre qui frémissait de voir arriver don Miguel au trône, et qui, à la suite des plus bizarres hésitations, dix-sept jours après la mort de Jean VI, plusieurs jours après l'établissement d'une régence qui n'avait pris les rênes de l'Etat au nom d'aucun héritier désigné, faisait tout-à-coup proclamer à Lisbonne don Pédro comme roi de Portugal, pour préparer, sans doute, les esprits à l'arrivée d'une Charte que probablement un vaisseau anglais portait alors à don Pedro avec la nouvelle de la mort de son père. Encore une fois, quelque chose d'important est caché sous de si bizarres intrigues, et la première condition que doivent exiger les cabinets, pour éviter toute surprise, c'est la communication sans réserve du traité du 29 août.

Mais, dit le *Courrier Français* dans un autre article, *en supposant que don Pédro ait consigné dans un acte diplomatique l'intention de transmettre à sa fille ses droits à venir sur le trône de Portugal, s'est-il ôté le droit de proclamer solennellement cette transmission à la mort de son père, et d'y attacher une condition favorable au bonheur des Portugais ?* Cela pourrait être ; resterait toujours la question de l'examen du droit absolu de changer les lois fondamentales ; mais, dans tous les cas, subsiste la nécessité de publier les dispositions du traité du 29 août. Le *Courrier Français* insiste, comme s'il se défiait de la réalité de sa supposition : *On ne peut disposer*, dit-il, *d'une succession non échue. De ce qu'un prince aurait exprimé l'intention de renoncer à un trône qui n'était point encore vacant, on ne peut le considérer, par ce seul fait, comme frappé de déchéance du vivant même de son père.* Voilà, certes, une question grave. Résolue dans le sens du *Courrier*, elle réserverait à la branche d'Espagne tous les droits de Philippe V sur la couronne de France. Cette question est trop importante et trop compliquée pour que nous voulions la trancher ici ; et tous les raisonnemens que nous avons faits jusqu'à ce jour sur la circonstance où se trouvent don Pédro et le Portugal, sont appuyés sur la supposition que le droit public reconnaît la validité d'une renonciation au trône, par l'héritier de la couronne, pour lui et pour sa postérité.

Nous avons été amenés à aborder ces hautes questions dans l'unique intérêt de tous les droits légitimes, sans cesse menacés par les usurpations de l'Angleterre. Nous les avons soumises au seul jugement des cabinets; c'était assez déclarer que nous ne voulions exciter parmi les peuples ni défiances ni révoltes. Il est assez singulier de voir les journaux révolutionnaires nous accuser d'imaginer des projets d'insurrection, et de préparer à la Péninsule de nouveaux troubles. On ne concevrait jamais l'édifiante et respectueuse soumission dont les révolutionnaires se sont trouvés subitement pénétrés pour les volontés les plus absolues des princes, si le *Courrier* n'avait la naiveté de nous apprendre que *la souveraineté du peuple* est au fond de toutes les constitutions données par don Pédro.

La Restauration avait fait concevoir des espérances à ceux qui pensent que la monarchie et la religion sont inséparables, et que l'existence de l'une tient à celle de l'autre. Il semblait que le sceptre pastoral de saint Pierre, rendu plus vénérable par les outrages de Fontainebleau, et sorti plus glorieux des prisons de Savone, attirerait de toutes parts le respect et les adorations, et que les esprits désenchantés de tant de rêves pleins de déception et de mensonges, de tant d'idoles révolutionnaires qui avaient causé de si grands maux, se tourneraient enfin vers les vérités consolantes du christianisme, et se jetteraient aux pieds du Dieu de saint Louis, qui ne fit jamais répandre de sang, et qui tarit les larmes des affligés. Qu'y a-t-il en effet de plus naturel que de s'attacher au Ciel, lorsque les choses du monde nous abandonnent, et de rentrer dans le calme de la céleste patrie, lorsque la terre d'exil où nous devons passer un jour est toute sillonnée par les orages et par les volcans? On a remarqué avec raison que l'infortune est la muse qui inspire les idées religieuses, et que l'esprit humain, trompé dans ses orgueilleuses chimères, s'élève vers l'Etre éternel comme la flamme monte vers le ciel, lorsqu'elle n'a plus d'aliment sur la terre.

La chûte du colosse de l'empire abattit toutes les sommités politiques qui s'appuyaient sur cette puissance éphémère. La religion ouvrait l'asile de ses temples aux blessés de tous les partis, et ne reculait devant aucune des plaies hideuses que la

Révolution avait faites, et qu'elle-même espérait guérir. Mais elle ne connaissait pas tous les progrès du mal ; elle ignorait que la gangrène avait glissé jusque dans les replis les plus cachés des cœurs, et qu'elle résisterait à tous les secours. Voltaire, Diderot, Volney, Dupuy, avaient pénétré dans les plus petites chaumières, et avaient endoctriné les simples habitans des campagnes qui ne s'étaient nourris jusqu'alors que de la parole de vie, et qui apprirent enfin à goûter les fruits de la philosophie nouvelle, au banquet de la Révolution. Aussi, au lieu de cette soumission aux décrets de la Providence qui est le caractère des âmes pieuses, les vaincus de 1814 montrèrent de la fureur et de l'emportement; au lieu de prier, ils blasphémèrent; au lieu de se résigner, ils osèrent conserver encore dans le fond du cœur le souvenir et même le culte de leurs idoles renversées. Il arriva de ce délire qu'on demanda peu de consolations à la religion, qui cependant peut seule en donner, et que sa voix céleste ne put se faire entendre à des cœurs endurcis et encore tout troublés du bruit révolutionnaire. C'est à cette triste circonstance qu'il faut attribuer tout ce qui afflige les yeux dans la société nouvelle, cette soif de l'or et du pouvoir, cet égoïsme affreux, cette indifférence universelle pour tout ce qui n'aboutit pas sur les routes de l'ambition, ce relâchement dans les mœurs, ce mépris des devoirs les plus sacrés, ou même des affections les plus douces. L'athéisme a changé notre manière d'être, et pour ainsi dire toute notre existence. On ne voit que des hommes qui, tranquilles sur cet avenir que la philosophie a supprimé d'un trait de plume, ne s'occupent qu'à bien jouir du présent, à rassembler sous leurs pas le plus de fleurs qu'ils peuvent, laissant *le soin de louer Dieu à des chantres gagés*, et raillant avec quelques quolibets de Pigault-Lebrun, ou de Victor Ducange, ces petits esprits adorateurs du sanctuaire, ces âmes faibles, superstitieuses et ignorantes, au nombre desquelles se sont trouvés pourtant les Bossuet, les Fénelon, les Pascal, et tant d'autres grands hommes que la philosophie n'a pas encore détrônés. Voilà notre époque, sur laquelle nous entendons tant de louanges intéressées, et qui est, nous dit-on, une époque de régénération et de lumières. Quelle régénération, grand Dieu ! que celle qui a changé un peuple religieux en un peuple impie ! quelles lumières, que celles qui, depuis trente ans, n'ont éclairé que des ruines et des désastres, et qui ont été allumées au flambeau révolutionnaire !

On peut regarder comme une chose certaine que la *réponse* de M. Dupin affligera souverainement les habiles et les influens du parti libéral, et qu'ils ne pardonneront point à la *Gazette Universelle* de Lyon d'avoir été l'occasion de cette fatale déclaration. Car enfin, M. Dupin a dit en termes positifs : *Je suis né catholique, et ne ferai point abjuration, même avec la perspective d'être applaudi par ceux qui me blâment d'avoir assisté à une procession.* Par cette profession de foi, M. Dupin a levé l'étendard contre le parti; il n'est plus pour eux qu'un obstacle, et un obstacle d'autant plus embarrassant, qu'eux-mêmes ont contribué long-temps à relever son importance, et qu'ils se disent peut-être, comme M. Fiévée le dit de M. de Villèle : *C'est nous qui avons fait cette réputation.* Ce qu'il y a de mieux avéré dans la situation actuelle de la France, c'est que le parti de la révolution ne veut point de catholicisme, et qu'il pousse à une révolution religieuse, comme le seul moyen d'assurer une révolution politique. Ce système si bien suivi de déclamations contre le Saint-Siége, ces vieilles querelles des deux pouvoirs, exhumées sans aucun motif ni prétexte apparent; le protestantisme dont on cherche à ressusciter le cadavre, et que quelques politiques ont le courage de présenter comme une institution religieuse; les menées dont nous venons d'être témoins à cette occasion, et la presse dirigée vers ce seul but, tout décèle aux moins clairvoyans le dessein arrêté de substituer au catholicisme un gallicanisme protestant, sur le modèle du schisme anglais, moins l'épiscopat peut-être. Or, voilà M. Dupin qui déclare hautement qu'il ne se prêtera point à ces combinaisons, *même avec la perspective d'être applaudi par ceux qui le blâment d'avoir assisté à une procession;* c'est-à-dire par le parti libéral à peu près entier; car M. Dupin a pu voir quelle unanimité il y a eu dans les plaintes qu'a excitées sa conduite; et cet accord lui a été assez pénible, puisqu'il a adressé *au Constitutionnel* lui-même le *Tu quoque mi Brute*, en poussant un cri de douleur contre ces *hommes qui l'ont tout-à-coup attaqué avec ingratitude, ou délaissé avec indifférence*, en faisant ressouvenir *les amis faux ou maladroits de la liberté*, *qu'il a défendu leurs ingrats journaux*, en exprimant sa sensibilité à son ami, M. Emmanuel Dupaty, *le seul qui n'ait pas craint de le défendre à découvert.* Ainsi, M. Dupin l'a reconnu, et il le déclare à la France entière : le parti représenté par les journaux libéraux pousse à une révolution religieuse, et il n'eût donné que des applaudissemens à M. Dupin, au lieu des reproches dont il l'accable, si celui-ci eût *abjuré le catholicisme.*

M. Dupin n'est donc plus l'homme de ce parti. Il sera abandonné par lui dans les élections où il vient de se présenter comme candidat. D'ailleurs comme nous l'avons déjà fait remarquer, à quoi M. Dupin peut-il lui servir? Quelle que soit son opinion sur les Jésuites, il ne pourrait point se rendre le complice des déclamations stupides des journaux de ce parti; il n'y a cependant que cette manière de se faire entendre à la majorité du public que ces journaux se sont formés. D'ailleurs, dans sa lettre même, M. Dupin ne s'appuie contre les Jésuites que sur des motifs d'ordre légal que les avocats peuvent bien discuter, mais qui n'agitent guères la multitude ; il a même dédaigné de répéter quelques-uns de ces reproches de régicide, d'ambition et d'hypocrysie, qui eussent au moins remué quelques passions. Ainsi, de toutes façons, M. Dupin est un homme perdu ; quoiqu'anti-Jésuite, il ne sert à rien; comme catholique, il est un obstacle.

Nous avons inséré en entier la lettre de M. Dupin par impartialité, et comme document d'une grande importance sur l'esprit public de notre époque. Ceux qui n'ont pas encore apprécié la justice de nos plaintes sur l'état de la presse ont pu voir comme la licence actuelle est jugée par tous les hommes raisonnables, quelle que soit la divergence de leurs vues, même sur de hautes questions. Que *le Constitutionnel* apprenne enfin de la bouche même de son illustre défenseur, qu'il y a des citoyens *en butte aux calomnies les plus outrées;* que des faits, *indifférens en eux-mêmes, sont travestis et qualifiés de la manière la plus indécente;* qu'on poursuit des citoyens *dans les actes de leur vie privée, qu'on leur en demande compte, qu'on les interpelle de s'expliquer;* que les *articles les plus virulens sont imprimés* DANS PLUSIEURS JOURNAUX; que la presse sert ainsi d'organe *à l'égoïsme, à l'ambition, à la jalousie;* qu'on veut *précipiter les esprits, ou les dominer par une impulsion étrangère à leurs propres sentimens;* qu'on veut *les pousser au-delà des limites du juste et du vrai, sans respect pour la liberté; qu'on manque à tous les égards que se doivent les hommes entr'eux, qu'on ne garde aucune mesure, qu'on a perdu toute retenue ; qu'on blesse la liberté de conscience, en interpellant les citoyens sur leurs actes de religion, et en les plaçant dans l'alternative ou d'en parler avec une légèreté que les uns qualifieraient d'impiété, ou d'en parler avec un sérieux que d'autres ne manqueraient pas d'appeler fanatisme.* Si M. Dupin a été amené à porter un jugement si sévère sur la presse, en ne s'occupant que d'un seul de ses excès, que n'eut il pas dit s'il eut eu à considérer tous les attentats dont elle se rend coupable chaque jour, contre ce qu'il y a de plus saint et de plus vénérable dans la religion et dans l'État.

Du reste, l'opinion que M. Dupin a émise dans sa même lettre, sur l'existence légale des Jésuites, nous paraît reposer sur une erreur de droit. Nous avons eu occasion de réfuter cette erreur, en répondant dans notre N.° du 12 juillet au discours de M. Laîné. C'est donc ici le lieu de déclarer, selon l'expression de M. Dupin lui-même, que nous n'avons donné place à sa lettre, dans notre Feuille, que *sous toutes réserves de droit.*

« *Je ne combats pas pour moi, mais pour la vérité.* »

« *Tant que nous n'aurons pas perdu la mémoire, il nous sera permis de croire que, dans le dix-huitième siècle, les chefs, les apôtres et les adeptes de la philosophie ont été les ennemis de la religion.* »

« *Dans l'impossibilité de renverser la religion catholique par un éclat, la faction des impies (sous Buonaparte) avait formé le projet de la détruire par la pauvreté, et jamais projet n'a été suivi avec plus de persévérance.* »

« *Depuis le retour du Roi, cette faction, qui toujours était intervenue avec adresse, est intervenue avec audace : son but est toujours le même : elle change seulement la marche qu'elle suit pour y arriver.* »

« *La religion est tellement la base de la société, qu'il est impossible d'abandonner celle sous laquelle les idées, les mœurs, les institutions se sont formées sans qu'il en résulte un long ébranlement.* »

« *C'est de la situation déplorable de la religion en France que sortiront les nouveaux troubles contre lesquels la famille des Bourbons aura à lutter.* »

Pour les prévenir, « *on ne donnera jamais* TROP *d'ascendant aux prêtres*. C'EST LA VRAIE MILICE DES ROIS , *le seul moyen de faire connaître le Roi dans les campagnes, d'y entretenir la civilisation, d'y ramener des mœurs et un esprit de soumission qui ne soit pas esclavage.* »

Voyez les communes où il n'y a pas de prêtres. « *Elles n'ont aucun culte religieux. Les mœurs s'y rapprochent de la barbarie. Le nombre des enfans trouvés augmente au point que les ressources manquent. Les petits bâtards courent tous nus dans les villages : les procès se multiplient, et ce qui est inévitable dans ce désordre, tous les villages ont des sorciers et des sorcières en permanence. Car la superstition est inhérente à l'ignorance, et la religion qu'on accuse de créer la superstition en est le plus grand et même l'unique contre-poids.* »

« *Il n'est possible de ramener les paysans à des idées de monarchie qu'en éloignant des campagnes toute forme d'administration née de la Révolution. Il faut leur rendre des* CURÉS MAGISTRATS.... *Par-là j'entends qu'on leur rende ce qu'on appelle aujourd'hui la tenue des registres civils, c'est-à-dire les actes de baptême, de mariage et d'enterrement, opération qui serait bonne à ne la considérer que sous des rapports d'administration, car les registres civils n'ont jamais été bien tenus que par les prêtres.* »

Et qu'on ne cherche pas à effrayer les esprits en représentant les prêtres comme ennemis de la vraie liberté ; elle n'a d'ennemis que les *philosophes*.

« *En nous promettant la liberté, les philosophes nous ont donné révolutions sur révolutions ; ils recommenceraient encore si on les laissait faire, et ils s'appuyeraient sur les* LIVRES. »

« *Les philosophes, comme tous les charlatans, savent fort bien que du moment que l'imagination est séduite, tout est fini.* »

« *Ils ont voulu (ils veulent encore) faire de l'homme une machine et garder dans leurs mains tous les ressorts qui le font agir. Ils osent lutter contre Dieu ; comment ne les trouverait-on pas* TOUJOURS *luttant contre ceux qui gouvernent !* »

« *Remarquez que depuis l'époque où ces philosophes ont tant vanté la tolérance religieuse, on a vu le peuple ameuté.... se porter à tous les excès.* »

C'est le spectacle que tout récemment encore vient d'offrir la Mission de Rouen. Il n'était pas question de *Jésuites* ; il n'y en avait pas un parmi les Missionnaires, et neanmoins le mot de *Jésuite* a servi de prétexte aux plus hideux désordres.

« *En 1780, lord Gordon se mit à la tête de la populace de Londres, dont le cri de ralliement était* POINT DE PAPE. *Il n'était question de pape en aucune manière, mais* ON N'ÉMEUT PAS LA CANAILLE SANS S'ADRESSER A SES PASSIONS. »

Quand la *philosophie* ne serait, comme elle le prétend, que *l'application libre de la raison humaine à tout ce qui est de son ressort*, il n'en serait pas moins certain que « *si elle parvient à ôter un poids du côté de la balance où pèse le gouvernement, pour le jeter dans le côté de la balance où pèse le peuple, l'équilibre sera rompu. C'est incontestablement ce qu'a fait la philosophie,* C'EST CE QU'ELLE FERA TOUJOURS, *et ce qui la rend* PLUS DANGEREUSE *pour les nations qui jouissent d'une certaine liberté, que pour les peuples qui n'en ont aucune.* »

Mais elle ne s'en tient pas là ; et quoiqu'en disent, pour donner le change, quelques apostats célèbres du sacerdoce et de la royauté, qui prêtent à la piété leurs intrigues et leurs complots, la *philosophie* et la *philosophie* SEULE conspire.

« *De quelque manière que la Révolution ait été modifiée, il n'y a eu depuis vingt-six ans qu'*UNE CONSPIRATION *allant toujours au même but, avec une persévérance et une adresse que rien ne fatigue et ne déroute...... Elle est aujourd'hui plus habile et plus forte qu'en 1789 ; plus habile, parce qu'elle a plus d'expérience, et plus forte de l'extrême faiblesse de ceux qui devraient la renverser, et qui ne savent pas seulement ce que cela veut dire.* »

« *Si la philosophie n'avait tourné à la fois en ridicule toutes les religions possibles, il est incontestable que, pendant la Révolution, la France aurait changé de religion. On l'a essayé deux fois, mais la crainte du ridicule a fait reculer ceux qui étaient puissans alors, parce que dans les idées du parti dominant, c'était un ridicule d'avoir des opinions religieuses quelconques ;* IL N'EN SERA PAS DE MÊME DE NOS JOURS. *Les partisans des principes révolutionnaires, devenus d'autant plus habiles qu'ils sont sans illusions et sans passions, savent fort bien que tout changement de religion amènerait un changement dans le gouvernement,* ET ILS MARCHERONT DROIT A CE BUT, *entraînant à leur suite une nation sottement* PHILOSOPHE, *qui sera* ENCORE UNE FOIS ÉTONNÉE D'AVOIR DÉTRÔNÉ SES ROIS, *sans se douter qu'elle y aura participé.* »

Si, demanderons-nous maintenant ; si la Gazette de Lyon adressait à ses lecteurs un tel langage, que dirait le *Journal des Débats?* indigné de tant d'audace ne crierait-il pas haro contre les *Jésuites* qui osent parler ainsi?

Et le principal rédacteur de ce fameux journal ne croirait-il pas nous faire grâce en nous dénonçant à la France comme d'*hypocrites Congréganistes?*

Cependant, dans ce que l'on vient de lire, à part le petit nombre de lignes qui ne sont point soulignées, tout appartient à des ouvrages qu'a annoncés avec éloge le *Journal des Débats* (probablement alors il était *Jésuite*). Et ces ouvrages sont sortis de la plume du principal écrivain *des Débats*, de celui qui dirige l'esprit de ce journal (probablement alors il était *Congréganiste*).

Quant à MM. *du Courrier*, qui si souvent nous accusent à tort de ne publier que des articles qui nous arrivent tout faits de la capitale, nous leur avouerons franchement que celui-ci nous en est venu : il y a même quelque temps, et nous leur nommerons volontiers l'auteur auquel nous le devons, c'est M. Fiévée (1).

*** Lors du fameux procès de la maréchale d'Ancre, ses juges lui demandèrent par quel prestige elle avait fasciné les yeux de la Reine qui se conduisait aveuglément par ses conseils; elle répondit avec fierté : « Par l'ascendant » d'un esprit supérieur sur un esprit faible. »

Quand les libéraux demandent par quel prestige les bons Pères de St.-Acheul ont fasciné les yeux de M. Dupin, on peut leur répondre : Par l'ascendant de la vertu et des talens sur un homme loyal et d'assez d'esprit pour apprécier leur mérite.

Oui, Messieurs, dirons-nous aux libéraux, choisissez dans vos rangs une commission d'hommes prévenus contre les Jésuites, pourvu qu'ils soient de bonne foi et qu'ils aient assez de talent pour juger sainement et pouvoir comparer; envoyez cette commission visiter les divers établis-

---

(1) *Voy.* Lettres sur l'Angleterre, p. 149. — *Ibid.* 254. — Corresp. 2. partie, p. 3. — *Ibid.* p. 4. — 3.e partie, p. 82. — 2.e partie, p. 30. — 1.re partie, p. 84. — 2.e partie, p. 34. — 1.re partie, p. 84. Lettres sur l'Angleterre, p. 186. — *Ibid.* p. 114. — *Ibid.* p. 115. — *Ibid.* p. 123. — *Ibid.* p. 272. — Corresp. 5.e partie, p. 11. — 2.e partie, p. 31, etc.

semens d'éducation en France. Ils vous diront à leur retour: Là, nous avons vu des spéculations mercantiles; là, on ne voudrait pas renvoyer de mauvais sujets dont les parens sont influens, mais on renverrait sans pitié un jeune elève vertueux si les parens ne pouvaient plus payer les quartiers. Ils vous diront: Ici, nous avons trouvé une association d'hommes consacrés à la religion, dévoués à la patrie, donnant tout leur temps, tous leurs soins à former la jeunesse à la vertu et à la science, à lui inspirer le respect pour la religion, pour les lois, pour leurs familles et pour leur prince. Nous avons trouvé une jeunesse studieuse, bien surveillee, heureuse et joyeuse. Ici, point de punition, on prend les jeunes gens par l'honneur; s'ils n'en sont pas susceptibles, on les renvoie à leurs parens. Leurs instituteurs ont trouvé le secret de conserver une discipline sévère, de se faire aimer de leurs élèves qu'ils regardent comme leurs enfans, et de conserver la plus grande union entr'eux. Ces Religieux, qui ne spéculent point, consacrent une partie de leurs bénéfices à élever gratis des jeunes gens qui annoncent des talens, et dont les parens ne peuvent payer les frais d'éducation.

Je pourrais continuer le parallèle sur beaucoup d'autres points, mais je laisse faire à la commission libérale elle-même, qu'on ne pourra suspecter d'enthousiasme. Voyez donc, observez sans partialité avant de juger.

M. Chaptal, pair de France, écrivait, en 1802, étant ministre de l'intérieur sous Napoléon:

Tout calculé, tout combiné, il faut revenir aux Congrégations pour l'éducation de la jeunesse. Le suffrage d'un homme comme M. Chaptal doit être d'un grand poids.

Le Constitutionnel du 6 juillet a dénoncé une grande conspiration ourdie par les Jésuites dans les Etats de S. M. le roi de Sardaigne. Le gouvernement de ce pays aurait fait arrêter trois Jésuites, et renvoyer de l'université cinquante élèves affiliés à une société secrète dirigée par ces RR. PP. *Cet événement*, disait le correspondant du *Constitutionnel, est d'un intérêt européen et français, surtout dans les circonstances actuelles. Le Constitutionnel* du 9 juillet contenait une autre lettre dans laquelle on lisait: « On a arrêté à Naples

» le *pèlerin blanc* (titre que prennent les membres de la Con-
» grégation italienne), fils du marquis piémontais d'Azeglio...
» La découverte faite à Naples a amené celle de Turin, où
» il est certain que plusieurs personnes qui s'étaient fait
» une haute réputation de piété ont été arrêtées. Il est égale-
» ment certain que le marquis d'Azeglio, ardent Congréga-
» niste, qui y publiait tous les mois un cahier de *l'Amico*
» *dell' Italia*, journal d'un ultramontanisme furibond, dans
» lequel il a dernièrement censuré avec une extrême vio-
» lence le jugement de condamnation de M. l'abbé de La
» Mennais, a reçu du roi lui-même une si forte réprimande,
» qu'il a jugé prudent d'abandonner le pays. *On ne sait où il*
» *s'est retiré*; peut-être est-ce chez ses dignes amis de Mont-
» Rouge ou de St.-Acheul, ou dans les bureaux de M. Fran-
» chet. Un autre de ses fils, Jésuite à Novarre, a été mandé
» à Rome. Ce marquis d'Azeglio était émigré volontaire lors-
» que le Piémont était au pouvoir de la France; il résidait
» alors à Rome et à Florence. »

La conséquence que tirait de tout cela le correspondant du Constitutionnel, *c'est que le seul remède est d'abattre l'arbre jésuitique, car il est funeste comme le mancenillier dont l'ombrage donne la mort.*

Quand nous lûmes ces étranges nouvelles, la première impression dont nous fûmes pénétrés fut l'infaillible conviction de leur fausseté. L'honorable réputation du marquis d'Azeglio, de ce vieux et fidèle serviteur de la maison de Savoie, si particulièrement estimé de l'auguste et sainte reine, Madame Clotilde, sœur de notre monarque, répondait assez pour lui et ne nous permettait pas de nous laisser ébranler un seul instant par la calomnie qui cherchait à le flétrir, et à le représenter à l'Europe comme ayant encouru la disgrâce de son roi. Nous avions lu d'abord *l'Amico dell' Italia*, et nous n'y avions rien vu sur le jugement porté contre le livre de M. l'abbé de La Mennais. Notre conviction avait un juste fondement, et la lettre suivante que vient de nous adresser M. le marquis d'Azeglio, sera une nouvelle preuve, aux yeux des hommes raisonnables, de ce système d'iniques impostures dirigé par les journaux libéraux contre l'ordre social de toutes les nations.

Turin, 18 juillet 1826.

MONSIEUR,

On ne lit pas *le Constitutionnel* à Turin ; j'ai eu cependant communication d'un article de ce journal dirigé contre moi. Je ne sais pourquoi il a eu la fantaisie de s'occuper de ma personne. Les assertions qu'il s'est permises sont aussi risibles ici, que le serait à Lyon celle que M. l'abbé Lins..... est ministre de la religion réformée. Je me serais contenté de rire, si *le Constitutionnel* s'était borné à dire que je me suis caché chez les Jésuites. Pour me trouver, on n'aurait pas eu à courir jusqu'à St.-Acheul ; pendant mon séjour à Gênes, j'étais quelquefois dans leur maison ; plus souvent dans leur église, au milieu de deux mille personnes avides d'entendre le Père Ferrari. L'*Italien abonné du Constitutionnel* a accumulé tant de faussetes, qu'elles peuvent donner la mesure de la véracité de la feuille qui les reçoit si avidement. *Il est faux* que j'aie attaqué le jugement prononcé contre M. l'abbé de La Mennais : dans mon journal, il n'en est pas dit un mot. *Il est faux* qu'aucun de mes fils ait été à Naples, *Pellegrino Bianco*. Des trois qui me restent, le dernier seul y passa environ deux mois, vers le printemps de 1818. Il est vrai que j'ai un fils Jésuite à Rome. L'*Italien abonné* a eu seulement une légère distraction sur les dates. Mon fils est à Rome depuis les premiers jours de novembre 1824 ; jusque-là recteur du collége de Novarre, il est recteur du collége romain depuis le mois de décembre même année. *Il est faux* qu'on ait arrêté ici *trois Jésuites* et d'autres *personnes* qui s'étaient fait une haute réputation de piété. Si *le Constitutionnel* a une réputation de véracité à conserver, qu'il dise les noms de ces personnes, qu'il cite le volume et les pages de *l'Amico dell' Italia*, où j'ai attaqué le jugement de M. l'abbé de La Mennais. *Il est faux* que le roi m'ait réprimandé. Je conçois parfaitement que le correspondant du *Constitutionnel* ne soit pas au courant des formes que l'on suit à la Cour dans un gouvernement légitime. Il est encore plus naturel qu'il ne devine pas le cœur d'un prince de Savoie. On pourrait, avec le respect dû à la Parole sainte, lui appliquer ce que dit Abraham au mauvais riche : *Inter nos et vos chaos magnum.*

Il est très-vrai, au contraire, qu'à Gênes j'ai eu l'honneur de faire ma cour plusieurs fois à LL. MM. en public, et en audiences particulières, ainsi qu'à S. M. la reine douairière Marie-Thérèse, et à LL. AA. RR. le duc et la duchesse de Modène; que même le roi a eu la bonté de me permettre d'intervenir en petit uniforme, plutôt que de m'exclure d'une fête donnée à ces princes, tandis que toute la cour était en grande tenue; que depuis son retour à Turin j'en ai été encore reçu en particulier avec sa bonté accoutumée, et que j'ai paru plusieurs fois à la cour aux heures de réception générale. J'ai eu des rapports assez suivis, et de la nature la plus agréable, avec les autorités de Gênes, avec le corps diplomatique, qui, au besoin, aurait indiqué à l'*Italien abonné* où je me trouvais, s'il était en rapport avec eux; de quoi je doute avec raison.

Au reste, tout en démentant ce tas de faussetés par la raison qu'un sujet fidèle, un gentilhomme dévoué, un chrétien sincère ne doit pas se taire quand il est accusé de conspiration, je vous engage, Monsieur, à ajouter à ces réclamations ma déclaration formelle, que je tiens à honneur mon attachement aux Jésuites; je les aime, je les estime. Ainsi que je l'ai dit dans *l'Amico dell' Italia*, ce sont les hérétiques de toutes les dénominations, les faux philosophes, les impies, les révolutionnaires, en un mot les libéraux qui m'ont inspiré ce sentiment. Je les ai vus si acharnés contre *la société*, que le simple bon sens m'a désigné en elle la troupe d'élite dont ils regardent la destruction comme le gage de leur victoire. Elle mérite donc l'intérêt de tous les hommes religieux. Néanmoins, si elle venait à succomber de nouveau, la victoire ne serait pas plus possible à nos adversaires; ils trouveraient derrière cette première ligne le rocher inexpugnable, la pierre contre laquelle on ne peut heurter sans se briser.

Sans doute on a cru achever ma perte en ajoutant que j'étais émigré volontaire pendant la domination des Français: c'est vrai, et je m'en honore. J'ai été long-temps hors du Piémont en cette circonstance; il y a plus: si le roi Victor-Emmanuel eût accepté mes offres, je n'y serais pas rentré du tout. Mais ce bon prince déclara positivement que son sort était trop incertain pour qu'il consentît à le faire partager à des serviteurs fidèles, surtout à des pères de famille. Je revins donc en Piémont; ce fut de ma part un sacrifice très-pénible, auquel le devoir paternel put seul me déterminer.

Pardonnez, Monsieur, si je vous ai entretenu de moi si long-temps.

Au reste, je vous assure, que je plains sincèrement les malheureux esprits auxquels mes faibles tentatives pour servir la seule bonne cause donnent de l'inquiétude : j'en suis toujours plus convaincu qu'on a tort de les craindre. Quoi qu'il en soit, de mon côte, je ne me retirerai pas de la voie ou je marche ; leurs attaques me rassurent sur l'inutilité que je pouvais présumer à mon travail, et je le continuerai. Jamais je n'ai pris part à aucune conspiration ; c'est ouvertement que je défends la cause que j'ai embrassée. Cette déclaration est plus vraie que les rêves du *Constitutionnel*.

Veuillez agréer, etc,

César d'Azeglio.

On lit dans le *Courrier Français* du 30 juin, l'article suivant :

« Nous avons été témoins d'un fait alarmant pour la liberté de conscience, et sur lequel nous appelons l'attention du public.

» Hier, au conseil de discipline de la 11.e légion de la garde nationale, qui se tient à la mairie, un garde-national a comparu pour répondre sur la citation qui lui a été donnée pour n'avoir pas assisté à la procession du 4 juin. Il a dit pour sa défense qu'il habite pendant l'été la campagne, et ne vient à Paris que pour ses affaires ; que, s'étant informé quel était l'objet de la convocation, et sachant qu'il n'était autre que le service de la procession, il avait considéré ce billet, non comme un orde, mais comme une invitation de s'y rendre ; qu'en effet, la loi organique du concordat défend, dans les villes où il y a plusieurs cultes autorisés, qu'aucune cérémonie religieuse de ces cultes se fasse hors des temples qui y sont consacrés. Il a ajouté qu'il respectait les cérémonies du culte catholique, mais qu'il ne croyait pas qu'on pût l'obliger à y assister.

» Un scrupule religieux, dit-il, que je demande à ne pas faire connaître publiquement, me défend de prendre part en particulier à la cérémonie dont il s'agit.

» Le prévenu a été interrompu par M. le président, qui lui a dit qu'il n'avait à considérer que l'ordre de service, et ne devait pas s'occuper du reste ; que le devoir du soldat était toujours d'obéir,

» Le garde national a répondu qu'il ne croyait pas au dogme de l'obéissance passive. « Prenez garde, a-t-il dit; la question est plus grave que vous ne le pensez; il s'agit de la liberté de conscience. Je vous rappellerai que M. le comte Boissy d'Anglas, pair de France, requis de tapisser sa maison le jour de la Fête Dieu, répondit : « Je n'empêche pas » que ma maison soit tendue; mais mon opinion religieuse » me défend de le faire. » J'invoque la même liberté. » — Il a raison, dit un des juges à son voisin, mais de manière à être entendu de tout le monde. Déclarez-vous que vous être protestant? demande un autre juge avec des gestes fort animés.

» *Le Garde-national*, se tournant vers le conseil : Dois-je répondre? dois-je faire ici un acte de foi?

» Non, non, répondent le président et plusieurs juges. Mais, interrompt le sergent-major de la compagnie, présent à la séance, monsieur ne savait pas qu'il fût convoqué pour la procession; le billet ne le dit pas.

» *Le Garde-national* : Monsieur, vous n'êtes pas mon juge; vous m'avez commandé trois fois depuis deux mois; je réponds au conseil qu'ayant déjà reçu un billet semblable, je me suis trouvé sans le savoir à la procession du jubilé; que là mes scrupules religieux avaient commencé; en voyant la procession se prolonger, la réflexion est venue, je me suis retiré aussitôt que la foule m'a ouvert un passage. Quoique ma conscience n'ai pas été essentiellement blessée, je me suis promis une autre fois de prendre des informations préalables. Je ne refuse pas de faire mon service de garde-national; je l'ai fait le 19 juin à l'état-major.

» — Cela est vrai, dit un officier membre du conseil; j'étais l'un des commandans du poste; monsieur m'a paru être dans l'intention de remplir tous ses devoirs comme garde-national.

» — Messieurs, a répondu le garde-national, je vous supplie de ne pas faire violence en ma personne à la liberté de conscience. Je respecte les opinions religieuses qui ne sont pas les miennes. Je vous prie de faire attention qu'il ne s'agit pas ici d'un service municipal.

» M. le capitaine rapporteur a la parole; il pense qu'il n'y a pas de motifs suffisans pour condamner le prévenu, et il conclut à ce qu'il soit renvoyé de la citation.

» M. le président recueille les voix. Après une délibération assez courte, il rend une décision par laquelle le garde-national est condamné à vingt-quatre heures de prison.

» Je demande, à dit celui-ci, que le jugement constate quelle a été ma défense ; que j'ai considéré le billet comme une simple invitation, et qu'un scrupule religieux m'a empêché de m'y rendre.

» *Le président* : Monsieur, le conseil fera ce qu'il jugera à propos.

» Le garde-national s'élance sur le banc, et s'écrie avec beaucoup de feu : M. le president, vous pouvez me condamner, mais vous ne pouvez pas supprimer ma défense ; j'atteste ici tous les citoyens qui m'entendent : on ne peut me faire une si cruelle injustice. J'ai donné une excuse que je crois valable, que ma conscience approuve, et je ne m'en départirai jamais. Vous avez violé la liberté de conscience ; sachez qu'il est des hommes qui aimeraient mieux mourir que de faire une lâcheté. Savez-vous ce que c'est que la conscience ?...

» Qu'on le fasse sortir, s'écrie vivement le président. Les dernières paroles du garde-national avaient eté prononcées avec une grande énergie ; tout l'auditoire a été ému ; les juges se regardaient ; le silence s'est rétabli difficilement.

» Le garde-national est sorti sur-le-champ donnant la main à son jeune fils qui l'avait accompagné, et attirant les regards de tous les assistans, qui lui portaient un intérêt visible. Il n'y avait point d'ostentation dans ses manières ; il paraissait évidemment convaincu de tout ce qu il disait.

» Le conseil n'était composé que de six juges.

» Nous nous proposons de soumettre à nos lecteurs les réflexions qu'inspire un événement aussi étrange dans le siècle où nous vivons. »

Nous concevons qu'un garde-national, traduit devant le conseil de discipline, ait cherché son excuse dans des considérations qu'il a crues toutes-puissantes. La conscience est, en effet, ce que l'homme a de plus sacré et de plus inviolable. Mais qu'un journal, qui, quelque soit son titre, doit s'appuyer sur des doctrines positives, et discuter une grave question la loi à la main, vienne niaisement soutenir la prétention la plus illégale, la plus absurde, la plus contraire à l'ordre public, voilà ce qu'on aurait peine à croire si on ne savait pas tout ce dont le libéralisme est capable en fait de ridicule et d'ignorance des choses les plus simples.

Pour la garde nationale, comme pour l'armée, *la légalité* du service ne résulte nullement de l'objet pour lequel on est requis ; elle est tout entière dans l'autorité ayant le droit de requérir. Aussi la loi du 14 octobre 1791, qui sert encore de règle, quant aux principes d'après lesquels les gardes nationales sont régies, a-t-elle sagement prévenu toute discussion en ce qui touche le but des réquisitions. On lit à l'article 2 de la section 3 : « Les citoyens et leurs chefs, requis au nom » de la loi, ne se permettront pas de juger *si les requisitions » ont dû être faites*, et seront tenus *de les exécuter sans dé- » libération*. Mais les chefs pourront exiger la remise d'une ré- » quisition par écrit. »

Certainement voilà de quoi tranquilliser la conscience la plus timorée; toute discussion sur la nature de la réquisition étant aussi formellement interdite, celui qui se soumet à l'ordre émané de l'autorité compétente n'encourt plus de responsabilité devant sa croyance; le protestant peut, sans redouter aucune censure, escorter le Saint-Sacrement, de même que le catholique pourrait assister à un prêche, la baïonnette au bout du fusil et au nom de la loi.

Nous irons même plus loin, et nous sommes charmés, en passant, de donner à MM. les libéraux une leçon de tolérance religieuse. Nous venons de démontrer qu'un service légalement requis pour une procession pouvait être fait sans que la conscience y fût intéressée en rien; nous ajouterons que les marques volontaires d'un respect extérieur pour les objets d'un culte quelconque ne sont, de la part d'un homme, ni une apostasie de sa foi, ni même une faute que le casuiste le plus rigide puisse lui reprocher.

Tous les Anglais et Allemands protestans de quelque distinction, qui visitent la ville de Rome, sont admis en présence de Sa Sainteté et reçoivent à sa cour le plus honorable accueil; voilà de part et d'autres des consciences bien compromises, selon le système soutenu devant le conseil de discipline de Paris. Des luthériens et des calvinistes qui courbent leurs fronts devant un pape! Un pape et des cardinaux qui se montrent hospitaliers envers des hérétiques! c'est bien autre chose que de porter un fusil et une giberne à la suite d'une procession! Mais choisissons des exemples plus frappans.

Lorsqu'au sacre de S. M. les ambassadeurs de la Grande-Bretagne, de la Suède, des Pays-Bas et des autres pays protestans ont entendu la messe, il n'est sans doute venu à la pensée d'aucun d'eux que sa conscience religieuse fût compromise ou que cet acte pût être interprété comme une abjuration de la réforme. Nous ne présumons pas que le garde-national dont le conseil de discipline vient de prononcer la condamnation, soit mahométan; eh bien! s'il allait à la Mecque, et qu'il voulût visiter le tombeau du prophète, se croirait-il autorisé à se présenter d'une manière irrévérente devant cet objet de l'adoration des sectateurs du Coran? Le désir seul de la palme du martyre pourrait le décider à une pareille témérité. M^e^. Dupin s'est déjà trouvé deux fois au sein d'un célèbre séminaire dirigé par des jésuites; M^e^. Dupin est loin de partager les opinions de ceux qui défendent cet ordre fameux; mais le talent a rendu hommage au talent; l'avocat distingué a dû sentir quelque sympathie pour des hommes qui, abstraction faite, à ses yeux, de l'esprit de corps, sont dignes d'estime par leurs lumières, leurs vertus et les soins laborieux qu'ils donnent à l'éducation de la jeunesse. Il a fait plus : on célébrait dans la maison, non la Fête-Dieu, comme l'ont annoncé quelques feuilles, mais celle du Sacré-Cœur de Jésus, particulière à l'ordre. Un des cordons du dais lui a été offert; catholique, Me Dupin a fait un acte de catholicisme, et n'a pas cru en faire un de jésuitisme. Il a honoré dans les autres ce que les autres honoraient en lui; il a rendu égards pour égards, considération pour considération, *sous toutes réserves de droit*. Que n'avons-nous l'éloquence de cet ornement du barreau; que ne possédons-nous surtout, comme lui, le talent de l'ironie et du sarcasme! nous ferions rougir certains hommes de leur brutale intolérance; nous couvririons d'un ridicule ineffaçable des doctrines qui ne tendent à rien moins qu'à avilir tout ce qu'il y a de noble et d'élevé, qu'à constituer un despotisme absurde ou une guerre intestine au sein de la société.

Si tous les cultes reconnus et autorisés par la Charte ont droit au respect de tous les citoyens, celui qui a été proclamé le culte de l'Etat ou de la grande majorité appelle encore plus de déférence et d'égards. De la part de l'homme qui n'appartient pas à ce culte, ce sera, si l'on veut, un hommage rendu à la puissance publique; mais sa conscience reste intacte et n'éprouve aucune violence par suite d'une concession purement extérieure. La loi du 18 novembre 1814 a ordonné l'interruption des travaux et la fermeture des boutiques les dimanches et jours de fêtes. Les Israélites obéissent à cette loi aussi bien ques les chretiens; cependant le samedi est pour eux un jour de repos, et nos fêtes leur sont étrangères. Il n'est pas venu à notre connaissance qu'aucun d'eux, ayant à se défendre devant le tribunal de simple police relativement à quelque contravention, ait allégué sa conscience et même les dogmes de son culte. C'est qu'ils sentent que l'harmonie de la société ne peut se maintenir que par l'adhésion aux vœux et aux besoins de la grande majorité.

On invoque un nom qui restera fameux dans les annales du courage civil et de la vertu politique. Mais cet exemple n'a rien de commun avec l'affaire portée devant le conseil de discipline. L'honorable M. Boissy d'Anglas n'a pas été requis de decorer le devant de sa maison ; il ne pouvait pas l'être ; dès-lors, il n'a fait qu'user de son libre arbitre. S'il eût été *légalement requis*, il aurait obéi ; nous en avons la certitude. Celui qui, sous le poignard des assassins, a su faire respecter l'autorité de la loi, serait le premier à s'y soumettre dès qu'elle se trouverait invoquée par ses organes.

Le Courrier s'est fourvoyé évidemment dans une mauvaise route. Dans sa position, et avec sa tendance vers la philosophie moderne et les opinions d'indifferentisme, il avait beau jeu contre les processions, sans exciter l'insubordination des gardes nationaux. Ainsi, il pouvait leur dire : Lorsqu'on vous requiert pour la Fête-Dieu, ou pour le vœu de Louis XIII, ou pour toute autre cérémonie religieuse, vous n'avez pas à vous inquiéter du but de ce service. Ce sera, si vous voulez, un rassemblement d'individus. Or, l'ordre à maintenir dans les grandes réunions est un service municipal. S'il s'y trouve quelques dignitaire, si les fonctionnaires publics font partie du cortége, il est encore dans les attributions de la garde nationale de les entourer, pour leur rendre honneur et les faire respecter. Il n'y a, comme on voit, que manière de voir les choses pour tranquilliser les consciences.

Mais où nous mènerait le système que l'on a cherché à faire prévaloir devant le conseil de discipline ? Chacun a, non-seulement une conscience religieuse, mais encore une conscience politique. Dès-lors quelle attention ne faudrait il pas aux chefs des légions de la garde nationale pour ne point heurter ces deux sortes de conscience ? Un grenadier à principes républicains serait fort déplacé au poste des Tuileries, et celui qui n'aime pas le gouvernement représentatif ne pourrait être raisonnablement envoyé à la garde de la chambre des députés. Il est telle conscience vendéenne qui se trouverait comprimée dans la guérite placée à la porte d'un vieux général du temps du directoire, tandis qu'une autre conscience impériale murmurerait devant la porte ou la tente de M. de Larochejaquelin. Il faudrait avoir, dans la garde nationale comme dans l'armée, un contrôle de toutes les consciences religieuses et politiques, avec une colonne pour y porter *les mutations* qui surviendraient d'une année à l'autre.

La scène qui a eu lieu devant le conseil de discipline est affligeante pour tous les hommes sensés; elle est devenue ridicule par la manière mélodramatique dont le *Courrier* l'a rendue. Ce journal promet *ses réflexions.* Nous savons à peu près par quels sophismes il soutiendra une mauvaise cause, et nous l'attendons de pied ferme.

Dans un moment où les libéraux veulent reconnaître comme loi de l'État *la déclaration du Clergé de France de* 1682 *il est bon de rappeler deux lettres déjà bien connues, écrites par M. l'abbé Fayet à l'occasion du procès de* tendance *intenté au* Constitutionnel *et au* Courrier (1).

Première Lettre à Mgr. l'évêque de .....

Monseigneur,

Vous m'ordonnez de vous dire ce que je pense des suites que peuvent avoir pour la religion les arrêts rendus par la cour royale de Paris, dans les procès du *Constitutionnel* et du *Courrier.* Je vais vous obéir; mais permettez-moi de me plaindre de ce que vous n'avez pas daigné vous-même me faire part de votre sentiment sur les conséquences inévitables de deux arrêts si nouveaux dans les annales de la justice : nous y aurions, Monseigneur, gagné l'un et l'autre : vous auriez eu le plaisir d'instruire un disciple avide de vos doctes enseignemens, et moi le bonheur de mettre à profit les nouvelles leçons de votre sagesse et de votre longue expérience. Mais puisqu'il vous plaît de changer les rôles, j'entre en matière sans autre observation.

---

(1) On ne sait pas assez que la déclaration de 1682 n'a pas été conçue seulement dans l'intérêt des libertés de l'église gallicane et de l'indépendance de la couronne de France; mais dans l'intérêt même de la catholicité, pour maintenir cette unité dont Bossuet était si jaloux et arrêter les progrès du protestantisme, en rassurant les princes protestans que les réformateurs avaient alarmés en leur présentant sans cesse la *tendance* que manifestait la Cour de Rome.

On a beaucoup parlé, après la clôture des débats, des discours de M. l'avocat-général. La religion ne pouvait trouver un plus beau talent pour la défendre, ni un plus noble caractère pour la faire respecter. M. de Broë a su allier constamment dans ces deux causes tout ce que la modération peut prêter de force à la vérité, et tout ce que la prudence peut donner d'ascendant au zèle du magistrat. M. Dupin n'a négligé, comme avocat, aucun des moyens qui pouvaient tendre à l'acquittement du *Constitutionnel*, dont il avait pris la défense. Il fallait un grand talent pour convaincre la cour que l'ultramontanisme sacerdotal, comme on l'appelle, a fait de tels progrès en France que nos libertés civiles et religieuses en sont tout-à-l'heure compromises. Les hommes de sens ont entendu cependant avec peine présenter comme des actes d'ultramontanisme des écrits et des faits qui ne sont anti-gallicans que parce qu'ils choquent le sens commun. Une lettre anonyme, écrite peut-être de Charenton, et néanmoins assez importante pour forcer M. Dupin à en marquer certains passages *en encre rouge et avec des croix de Lorraine*; des boîtes tirées derrière une église; des têtes de mort placées dans un cimetière; des vers barbares et riches de sottise qu'on trouve dans Mathieu Laënsberg, et que de pauvres imprimeurs de province attachent quelquefois à des prières, comme les bourreaux de Notre Seigneur, *sans savoir ce qu'ils font*. Que sais-je, enfin, de burlesques lithographies, des lettres tombées du ciel; de bonne foi, qu'est-ce que tout cela peut avoir à démêler avec les libertés de l'église gallicane? Les libéraux seraient trop heureux si le clergé donnait dans de semblables extravagances; assurément ils l'applaudiraient à tout rompre, et le défendraient, au besoin, avec ardeur, contre les plaintes de ses véritables amis. Ils savent bien, ces messieurs, que le meilleur moyen de se débarrasser des prêtres par le temps qui court, c'est de les représenter comme des furieux ou des imbéciles, et de marquer ainsi leur logement dans les maisons de force ou dans les maisons de santé. Ainsi, pour les perdre à coup sûr dans l'opinion publique, on leur prête à pleines mains des discours insensés et des actions méprisables, et pour montrer qu'on ne veut pas les avilir, on les accuse de vouloir ramener le peuple au douzième siècle par ces mêmes actions et ces mêmes discours. Il y a par trop de mauvaise foi dans cette habile tactique, et le peuple a plus de bon sens que ne l'imaginent certains hommes qui n'ont que de l'esprit.

Quoi qu'il en soit, Monseigneur, je reviens à ma réponse et laissant de côté les réflexions qu'inspirent les débats des deux procès, j'arrive aux arrêts de la cour royale. Ici j'ai besoin de votre indulgence et surtout de l'indulgence de la cour. Commençons par faire amende honorable des jugemens téméraires qui m'ont assailli pendant la première lecture de ces arrêts. Oserai-je l'avouer? emporté par un mouvement de dépit, j'ai manqué de jeter au feu le journal que je tenais à la main. Que de reflexions accablantes me sont survenues! La lutte de l'ancien parlement et du clergé renouvelée en présence de la révolution qui a détruit le clergé et les parlemens, me semblait le symptôme infaillible de nouveaux déchiremens et de nouveaux malheurs; j'avais à peine la tête à moi. Jugez en, Monseigneur, par le desordre de mes premières réflexions. Est il possible, me disais-je, que la cour royale ait pu déclarer le *Constitutionnel* innocent et le *Courrier* coupable, et *néanmoins* se contenter d'ordonner à l'un et à l'autre *d'être à l'avenir plus circonspects;* mais y a-t-il quelque loi en France où la cour ait pu trouver le droit de faire une pareille *injonction?* et si par suite de la faiblesse de la nature humaine le *Constitutionnel* compromettait un jour son innocence; et si le *Courrier*, cédant à quelque tentation diabolique, allait aggraver sa faute, de quel droit la cour les appellerait-elle à la barre pour châtier la chute de l'un et la rechute de l'autre comme désobéissance à son commandement. Quelle est l'article du code des delits et des peines qui proclame une peine contre l'*incirconspection?* aucun, sans doute: La cour en enjoignant la circonspection ne s'est-elle pas mise au-dessus de la Charte et n'est-elle pas tombée dans un excès de pouvoir?

Je poussais la préoccupation d'esprit jusqu'au point de rire involontairement de l'étrange dénoûment de ces deux affaires: deux journaux sont cites comme coupables d'avoir manqué de respect à la religion; l'accusation est soutenue et repoussée dans les formes legales; le jugement intervient; le *Courrier* est reconnu coupable, *le Constitutionnel* non coupable; tous les deux sont mis triomphans hors de cause: et ce serait une partie du clergé français, c'est-à-dire, au moins 7 à 8,000 prêtres sur un clergé de 34,000, qui, sans avoir été ni nommés, ni cités, ni accusés, ni défendus, se trouveraient atteints et convaincus d'ultramontanisme, et partant d'être les ennemis des libertés civiles et religieuses de leur patrie!

Ce n'est pas tout, Monseigneur, ma confession doit être

entière. La cour reconnaît le *Courrier* coupable d'avoir, dans plusieurs articles, porté atteinte au respect dû à la religion de l'Etat, et la cour admet cependant pour circonstances atténuantes de ce délit l'introduction en France d'ordres religieux non reconnus par la loi, et les maximes ultramontaines hautement professées en France par une partie du clergé français; serait-il possible que la cour attachât plus d'importance aux libertés de l'église gallicane qu'à la religion catholique tout entière? certaines gens pourraient-ils inférer de ses arrêts que l'impunité est promise à quiconque outragera la religion catholique, pourvu qu'on attaque rudement les jésuites et les ultramontains?...

Ces réflexions, Monseigneur, étaient trop violentes pour être vraies. Je commençai d'abord par m'en défier, et ensuite par les mettre à leur place. Je relus les deux arrêts, et cette seconde lecture m'inspira des réflexions plus justes et surtout plus graves.

J'aurai l'honneur de vous les communiquer par le prochain courrier. En attendant, je suis avec respect, Monseigneur, etc.

Deuxième Lettre à Mgr. l'évêque de .....

Monseigneur,

Je vous ai rendu compte des pénibles sentimens que j'avais éprouvés à la première lecture des arrêts rendus par la cour royale de Paris dans les affaires du *Constitutionnel* et du *Courrier*. J'ai successivement mis sous vos yeux les inconvéniens graves qui pouvaient naître de ces décisions souveraines, et sans manquer, j'espère, au respect dû à la cour ni porter atteinte à la chose jugée. Je dois vous faire part, aujourd'hui, de mes secondes réflexions et des avantages qui peuvent résulter pour la religion de l'un des *motifs* qui ont servi de base au premier de ces arrêts.

Vous savez, Monseigneur, l'abus funeste qu'on fait depuis dix ans des dispositions de la Charte sur la liberté de la presse et la liberté des opinions. Vous n'ignorez pas que la religion de l'Etat est publiquement outragée, sous prétexte que la Charte autorise toutes les religions; que les presses vomissent chaque jour des milliers de volumes, où le cynisme le plus effronté donne la main à l'impiété la plus révoltante; vous avez souvent gémi, devant Dieu, de ce débordement inoui de sophismes et de mensonges, de folies et d'horreurs qui troublent les esprits faibles, exaltent l'imagination des méchans, et menacent notre belle France d'une seconde révolution plus terrible que la première. La cour royale de Paris paraît, à son tour, avoir senti toute la profondeur du mal, et ne trouvant point de remèdes dans la législation d'après la Charte, elle a appelé au secours de la monarchie ebranlée, une loi de ce grand siècle où l'Etat reposait avec tant de gloire sur des fondemens inébranlables; c'est dans l'affaire la plus solennelle qui lui ait été soumise, en présence des partisans outrés de la France nouvelle, au milieu des plus graves circonstances, que la première cour souveraine du royaume a prononcé QUE LA DÉCLARATION DU CLERGÉ DE FRANCE DE 1682 AVAIT TOUJOURS ÉTÉ RECONNUE ET PROCLAMÉE LOI DE L'ÉTAT (1). Personne n'a d'abord été frappé des heureuses conséquences qui sortent du dernier considerant de la cour dans l'arrêt du *Constitutionnel*. Mais si la déclaration de 1682 est la loi de l'Etat, je ne crains pas de le dire, Monseigneur, la religion catholique doit être sauvée.

En 1810, le chef du dernier gouvernement rendit un décret pour mettre l'édit de Louis XIV, sur cette déclaration, au nombre des lois générales de l'empire; mais il se garda bien de donner force de loi à la déclaration elle-même. Sa politique ombrageuse ne lui permettait pas de prêter de nouveaux appuis à la religion dominante, et d'ailleurs ce n'était pas précisément en faveur de l'église catholique qu'il faisait alors publier les quatre articles du clergé de France. Il était réservé à la cour royale de prononcer que, non-seulement l'édit de Louis XIV, mais la déclaration du clergé de France qui l'accompagne, *a toujours été reconnue et proclamée loi de l'Etat*. Or, ce grand acte de justice et de courage, si je ne me trompe, est un grand bienfait pour la religion catholique. Il supplée à l'insuffisance des lois sur la liberté de la presse, il fournit aux tribunaux les moyens d'en définir et d'en cons-

(1) Voyez le *Moniteur* du 4 décembre, arrêt de la cour royale.

tater les délits religieux, il interprète d'une manière nette et positive l'article 8 de la Charte, jusqu'ici suspendu dans le vague ; et, pour tout dire, en un mot, il fait de la religion catholique une loi de l'Etat. Mes assertions vont étonner bien du monde, Monseigneur, pour peu que vous les laissiez percer au-dehors. On est si loin de s'attendre à ces résultats si désirables, qu'il me semble en ce moment que je me suis placé, pour vous écrire, à l'un des pôles, et que les esprits sont à l'autre. Il faut donc que je prouve ce que j'avance ; c'est très-facile, et mes preuves seront si simples et si concluantes qu'on n'essayera pas de les attaquer, au moins par le raisonnement.

Qu'il me soit permis d'exercer, en passant et avant de commencer, un acte de représailles envers le *Courrier Français*, qui m'a fait une malice il n'y a pas encore quinze jours. Je ne m'éloignerai pas trop de mon sujet. Après qu'il eut reçu l'absolution de la cour royale, le *Courrier* se crut obligé à quelque acte de pénitence volontaire ; il n'en trouva pas de plus convenable et de plus opportun que de publier dans sa feuille la déclaration de 1682, avec cette petite préface. *La déclaration du clergé de France de 1682, ayant repris par les arrêts de la cour royale son caractère de loi de l'Etat, nous allons la rapporter ici.* Jusque-là tout allait à merveille. Il ne s'agissait plus que de bien copier la déclaration. Mais cette déclaration était en latin. Il fallut, je ne sais pourquoi, la traduire ; et ici le *Courrier* joua de malheur. A peine eut-il, en effet, commencé à traduire le langage du clergé de France, qu'il ne put s'empêcher de faire parler tout de travers l'épiscopat français, tant les anciennes habitudes ont encore d'empire après la plus sincère conversion. Voici le texte de la loi. *Nec desunt qui, earum (libertatum) obtentu, primatum beati Petri ejusque successorum romanorum pontificum a Christo institutum iisque debitam ab omnibus christianis obedientiam, sedisque apostolicæ nequâ fides prædicatur et unitas servatur ecclesiæ reverendam omnibus gentibus majestatem imminuere non vereantur, etc.* Ce que le *Courrier* traduit ainsi : « D'autres, sous prétexte de les défendre (ces libertés) ont la hardiesse de donner atteinte à la primauté de saint Pierre et des pontifes romains ses successeurs, *institués* par J.-C. ; d'empêcher qu'on ne leur rende l'obéissance que tout le monde leur doit, et de diminuer la majesté du saint-siége apostolique, qui est respectable à toutes les nations où l'on

» enseigne la vraie foi de l'Eglise, et qui conservent son » unité. » D'où il suit évidemment que ce n'est pas dans le saint-siége apostolique, comme le porte le texte, que s'enseigne la foi et se conserve l'unité de l'Eglise, mais bien ailleurs : chez les nations ; on ne sait où. Je suis loin de révoquer en doute les bonnes intentions du *Courrier*, mais pourtant quand on rapporte le texte des lois, il faudrait y prendre garde ; il n'est pas tout-à-fait indifférent de leur faire dire blanc ou noir, de les altérer et de les dénaturer. Que le *Courrier* ajoute, après sa belle traduction, *suivent les signatures de huit archevêques, de vingt-sept évêques et des* MEMBRES DU PARLEMENT, à la bonne heure ; tout le monde sait que le parlement faisait partie de l'épiscopat français ; et d'ailleurs cela ne tire pas à conséquence. Mais en voilà bien assez, et peut-être trop, pour une correction fraternelle. Je reprends, Monseigneur, ma première proposition, et je vais établir que si la délibération du clergé de France est loi de l'Etat, la monarchie et la religion n'ont pas désormais beaucoup à craindre de l'excessive liberté de la presse et de la science des journaux.

Qu'est-ce que la déclaration du clergé de 1682 ? c'est l'exposition franche des sentiments de l'église gallicane, sur l'indépendance temporelle des rois de tout pouvoir même spirituel, sur la primauté d'honneur et de jurisdiction *instituée par J.-C. en faveur de saint Pierre et des pontifes romains, ses successeurs*, sur le gouvernement intérieur de l'église catholique, la force et vertu des saints canons et le respect pour la discipline et les usages des églises particulières. Or, une telle loi, fondée, d'un côté, sur l'autorité de l'Ecriture sainte, des conciles-généraux et de la tradition des pères ; de l'autre, émanée d'une assemblée toute composée d'évêques catholiques, consacre civilement les dogmes, le culte et la discipline de l'église catholique ; et comme loi de l'Etat, elle oblige universellement tous les Français, sans distinction d'opinions ou de croyances religieuses. Si ces principes sont incontestables, les conséquences qui en dépendent ne le sont pas moins.

L'art. 1er de cette loi déclare que la puissance temporelle des rois ne relève que de Dieu seul : donc tous les écrits, tous les ouvrages où la souveraineté du peuple *est hautement professée* sont une violation manifeste de cette loi ; donc le ministère public ne peut, sans manquer à ses devoirs, ne pas en poursuivre la publication et la réimpression.

L'art. 2 déclare que la plénitude de la puissance spirituelle réside dans le Saint-Siége, sans toucher néanmoins aux bornes posées aux quatrième et cinquième sessions du saint concile œcuménique de Constance ; donc l'exercice de la puissance spirituelle en-deça de ces limites, est mis sous la sauvegarde de la loi ; donc les écrits de tout genre publiés pour ébranler, affaiblir ou dégrader la puissance légitime du Saint-Siége sont encore une violation formelle de la loi.

L'art. 3 declare *que les règles, les mœurs et les constitutions reçues dans l'église gallicane doivent avoir leur force et vertu, et les usages de nos pères demeurer inébranlables.* Donc les cent mille et un pamphlets où nos saintes cérémonies sont défigurées d'une si etrange sorte, où les usages et les pratiques de notre culte sont avilis et traînés dans la boue, doivent être supprimés par les tribunaux comme une violation formelle de la loi.

Enfin l'art. 4 déclare *que les jugemens du pape sur les questions de foi ne sont pourtant pas irréformables à moins que le consentement de l'église n'intervienne.* Donc les jugemens doctrinaux du souverain pontife, après lesquels est intervenu le jugement de l'église, étant irréformables, ne peuvent être attaqués, censurés, sans violer la loi.

Ainsi, Monseigneur, lorsque la Charte a dit que la religion catholique est la religion de l'état, elle ne s'est pas contentée d'exposer un fait, ni même de mettre plus particulièrement cette religion sous la protection des lois à venir; mais laissant à la déclaration de 1682, sa force et vertu légale, la Charte a voulu qu'on ne pût porter atteinte aux dogmes, au culte, à la morale, à la discipline de la religion catholique, sans enfreindre UNE LOI DE L'ÉTAT TOUJOURS RECONNUE ET TOUJOURS PROCLAMÉE.

Comprenne maintenant qui pourra l'extase d'admiration dans laquelle sont plongés les libéraux devant la cour royale de Paris; pour moi, je me contente d'espérer qu'à leur réveil la loi de 1682 leur inspirera un peu plus de circonspection que les lois de tendance.

Pardonnez, Monseigneur, le ton d'inconvenante familiarité qui règne dans ma lettre; vous connaissez le fond de mon cœur, et vous savez qu'il est plein de vénération et de dévouement pour vous.

Je suis avec respect, Monseigneur, etc.

L'abbé FAYET.

Une attaque violente a été dirigée par *le Constitutionnel* contre la reponse que nous avions faite, dans notre Feuille du 12 juillet, au discours de M. le vicomte Lainé, sur la présence des Jésuites en France. Nous avons établi, en conservant les egards dus à un homme du caractère de M. Lainé, que l'illustre pair n'était point fondé à invoquer, contre les Jésuites, l'autorité de la chose jugée ; et nous croyons l'avoir fait de manière à produire l'impression que nous désirions sur tous ceux qui, comme nous, sans intérêt particulier, ni prévention personnelle, étrangers même, autant qu'on peut l'être, à l'institut des Jésuites, ne cherchent dans une question de cette importance qu'à se procurer une connaissance satisfaisante de la vérité, et de tous les points où cette cause se trouve liée aux plus précieux intérêts de la religion et de la civilisation. Le ton outrageant et le manque de bonne foi avec lequel *le Constitutionnel* s'est engagé dans une controverse où nous lui avions donné l'exemple du calme et de la mesure, ne nous auraient point permis de le suivre dans cette discussion, si les faits qu'il a mêlés à sa déclamation n'appelaient une réponse qui ne s'adresse pas à lui, mais aux lecteurs de bonne foi.

Un saint pontife, avions-nous dit, *dont la voix a été écoutée sans réclamation* DANS L'ÉGLISE CATHOLIQUE, *a prononcé leur rappel. Le Constitutionnel* supprime ces mots : *Dans l'Église catholique*, et nous accuse de mensonge, puisqu'il est vrai que la cour de Portugal a manifesté, en 1816, son mécontentement du rétablissement des Jésuites. Nous le savions ; c'est la seule cour qui se soit plaint de la résurrection d'un ordre qui a été accueilli avec bienveillance jusque par les Etats-Unis d'Amérique. Mais nous n'invoquions en ce moment que l'autorité spirituelle et cet accord si frappant de tous les évêques de la chrétiente, unis à leur chef. Pour l'opposition de la cour de Portugal, elle étonne peu dans la patrie de Pombal. Ce qu'on pardonne le moins, c'est le mal qu'on a fait ; mais peut-être encore le reproche ne doit-il tomber que sur le cabinet qui exerce depuis longues années la tutelle du Portugal.

Il y a un abîme entre leur disparition et leur ret ur, et cet abîme des révolutions qui n'a pu encore être fermé, *a été creusé par la génération élevée dans les écoles qui leur ont succédé. Le Constitutionnel* conteste ce fait. Il est facile à prouver. De 1762, époque où les parlemens firent fermer les écoles des Jésuites jusqu'à 1789, vingt sept ans se sont écoulés : on nous accordera que les enfans de dix ans, en 1762, n'avaient pu recevoir l'éducation des Jésuites ; ainsi au commencement de la Révolution, aucun homme, au-dessous de trente-sept ans, ne les avait connus. Qu'on ouvre maintenant les annales de la révolution, et qu'on voie si les dix-neuf vingtièmes des hommes influens de cette époque n'étaient pas au-dessous de cet âge. Robespierre et Danton avaient trente ans en 89, Saint-Just vingt-un, Barnave et Monnier vingt-huit, Lafayette trente-deux, les deux Lameth, l'un trente-deux et l'autre trente-cinq; enfin, une chose terrible à remarquer, c'est que c'est au collége de Clermont, aujourd'hui collége de Louis-le-Grand, qu'ont été élevés, après que les Jésuites en furent sortis, les Robespierre, les Camille Desmoulins, les Tallien, les Noël, les Fréron, les Chénier et autres démagogues : épouvantable congrégation dont les liens se formèrent sur les bancs des écoles, se resserrèrent sur ceux de la Convention, et se dénouèrent sur les échafauds, où ces dignes amis se poussèrent les uns les autres, après y avoir fait monter leurs maîtres et leurs bienfaiteurs.

Le Constitutionnel s'indigne que nous ayons nommé Henri IV parmi les protecteurs et les amis des Jésuites; et il répète l'horrible calomnie, que la fureur seule peut inspirer, et que tous les historiens méprisent, du meurtre de ce roi par la main des Jésuites. Une si atroce absurdité suffit pour déshonorer la cause qui s'en appuie. Henri IV était l'ami des Jésuites et leur plus puissant défenseur ; lui seul était assez fort pour les protéger contre la haine du parlement. « Je vous ai aimés et chéris depuis que je vous ai connus, leur dit-il, sachant bien que ceux qui vont à vous, » soit pour leur instruction, soit pour leur conscience, en » reçoivent de grands profits. J'ai voulu vous mettre en ma propre maison, en celle de mes pères pour donner exemple à » mes sujets d'en faire de même. » Il fit plus encore, il leur légua le dépôt de son cœur. Louis XIII et Louis XIV, son fils et son petit-fils, qui suivirent cet exemple de tendre et royale affection, eussent-ils remis leurs cœurs à des mains qui auraient percé celui de leur père et de leur aïeul ?

Le Constitutionnel reproduit pour la mille et unième fois

l'accusation mille fois détruite du régicide professé comme doctrine par l'ordre des Jésuites. Personne n'avait plus d'intérêt que les rois eux-mêmes à vérifier une semblable accusation, et les rois cependant, jusqu'à l'époque du triomphe de la philosophie, ont persisté à regarder cet ordre comme un soutien de leur autorité; les plus grands monarques et leurs plus grands ministres se sont faits eux-mêmes les apologistes des Jésuites. Mais, dit *le Constitutionnel*, Aquaviva, supérieur-général de la compagnie, a donné son approbation au livre de *Mariana*, où le tyrannicide, dans certains cas prévus, est justifié. Ce n'est pas nous qui répondrons au *Constitutionnel*, c'est le cardinal de Richelieu : voici ses propres paroles : « Vous en eussiez parlé autrement que vous ne faites, si au lieu de l'apprendre des écrits de quelques particuliers, vous l'eussiez recueilli de la bouche de leur général (Aquaviva), qui, en 1610, fit une déclaration publique, par laquelle non-seulement il improuve, mais défend à ceux de son ordre, sous de grièves peines, de soutenir qu'il soit loisible, sous quelque prétexte de tyrannie que ce puisse être, d'attenter sur la personne des princes et des rois. » En effet, dès que le livre de *Mariana* parut en 1599, les Jésuites en avertirent leur général. « Notre père général, dit Richeome, » étant averti par moi, lorsque j'étais à Bourdeaux, l'an 1599, » et par nos pères de France, commanda que le livre fût cor- » rigé; et n'en eût-on vu aucun exemplaire sans correction, » si les hérétiques, qui pensaient faire leur profit de ce li- » vre, ne l'eussent aussitôt réimprimé. » Nous avons sous les yeux le décret du père général Aquaviva, aussi clair qu'on peut le désirer, et rendu *à ce que chacun sache quel est le jugement de la compagnie en tel cas, et que la faute d'un particulier ne redonde à tous les autres, et les rende suspects; jaçoit que devant les hommes de bon jugement, il est notoire que la faute d'un membre ne doit pas être attribuée à tout le corps.*

Que signifient donc ces horribles accusations de régicide, de morale relâchée, de toutes sortes de crimes et d'erreurs, si odieusement et si obstinément reproduites contre des hommes que tant de générations, élevées par eux, eussent hautement accusés si leur enseignement eût été coupable? Voltaire lui-même, dans un de ses intervalles de raison et de bonne foi, n'a pu contenir son indignation contre ces hypocrites déclamations : « J'ose le dire, s'écrie-t-il, il n'y » a rien de plus contradictoire, de plus inique, de plus hon-

» teux pour l'humanité, que d'accuser de morale relâchée » des hommes qui mènent en Europe la vie la plus dure, et » qui vont chercher la mort au bout de l'Asie et de l'Amérique. Pendans les sept années que j'ai vécu dans la maison » des Jésuites, qu'ai-je vu chez eux? la vie la plus laborieuse, la plus frugale, la plus réglée; toutes leurs heures » partagées entre les soins qu'ils nous donnaient, et les exer- » cices de leurs professions austères. *J'en atteste des milliers » d'hommes élevés comme moi.* »

Ce qui a paru à Voltaire contradictoire, inique, indigne de l'humanité, n'a point effrayé la haine *du Constitutionnel.* Il est allé plus loin. De même qu'il a reproché aux Jésuites d'avoir tué Henri IV, il leur reproche d'avoir fait insurger le Paraguay. Calomnie maladroite! Le Paraguay sera toujours un des plus beaux titres de la compagnie de Jésus. « Il » est glorieux pour elle, dit Montesquieu, d'avoir été la pre- » mière qui ait montré dans ces contrées l'idée de la religion » jointe à celle de l'humanité. En réparant les dévastations » des Espagnols, elle a commencé à guérir une des plus » grandes plaies qu'ait reçues le genre humain. » *Rien ne fait plus d'honneur à la religion*, dit Buffon, *que d'avoir civilisé ces nations, et jeté les fondemens d'un empire sans autres armes que celles de la vertu.*

« Mais ni les déserts ne sont assez profonds, s'écrie M. de » Châteaubriand, ni les mers assez vastes pour dérober » l'homme aux douleurs qui le poursuivent. Tout cela n'existe » plus. Les missions du Paraguay sont détruites. Les sauva- » ges, rassemblés avec tant de fatigues, sont errans de nou- » veau dans les forêts, ou plongés vivans dans les entrailles » de la terre. On applaudit à la destruction d'un des plus » beaux ouvrages qui fût sorti de la main des hommes. C'é- » tait une création du christianisme, une moisson engraissée » du sang des apôtres; elle ne méritait que haine et mépris. » Ces honteuses variations de l'espèce humaine flétrissent » l'âme et rendraient méchant si l'on y arrêtait trop long- » temps les yeux. »

Le nom détesté d'un Pombal se trouve encore dans cette iniquité du Paraguay, dans ces odieuses négociations par lesquelles *en dépit des conventions les plus sacrées*, disait, il y a quelques années, un écrivain du *Journal des Débats*, *les despotes* LIBÉRAUX *de l'Europe ne se firent aucun scrupule de traiter ces peuples chrétiens comme un troupeau de bestiaux*. Mais les Jésuites, que firent-ils? « Au premier ordre

» du souverain, dit un écrivain, les Jésuites, soumis à la » puissance qui vient de Dieu, quittèrent ces peuplades pacifiques, où l'Espagne recueillait chaque année un tribut » d'un écu par tête. Ils poussèrent même l'héroïsme de l'obéissance jusqu'à se concerter avec les commissaires du roi » pour dérober à la connaissance des Indiens la nouvelle de » leur départ. Mais cette affligeante nouvelle ayant été bientôt connue de ces sauvages civilisés, les missionnaires les » exhortèrent à la paix et à la soumission. La révolte n'éclata contre les Espagnols qu'après le départ des Missionnaires, qui furent tous éloignés insensiblement et sans » bruit, durant l'espace de huit mois, de ces paisibles et » heureuses contrées, où ils avaient planté, avec la croix, » toutes les vertus chrétiennes, au prix de leurs sueurs et de » leur sang. » *Ils étaient adorés du peuple*, dit un autre écrivain, *ils avaient tous les moyens de la guerre, et pouvaient mettre cent mille hommes sous les armes. La cour d'Espagne eût été obligée de reconnaître leur indépendance. Ils ont accepté leur destruction en hommes qui avaient prêché de bonne foi aux peuples, que toute autorité légitime vient de Dieu. Ces trésors qu'on supposait ne se sont point trouvés ; leurs bonnes actions ont été perdues pour les hommes, et le peuple qu'ils ont été contraints d'abandonner est tombé dans la langueur, dans la misère et le désespoir.* Ceci s'écrivait en 1799, à une époque où il n'était guère question des Jésuites.

Les plus odieuses calomnies peuvent se produire en quelques lignes, il faudrait des pages pour y répondre. Que pouvons-nous donc faire que de repousser, par de tranquilles dénégations, tant d'allégations déjà victorieusement repoussées ailleurs. *Le Constitutionnel* rappelle l'affaire du Portugal. *Ce fut l'excès du ridicule et de l'absurdité*, dit Voltaire, *joint à un excès d'horreur.* Mais quoi! s'écrie *le Constitutionnel*, vous injuriez Pombal, *un des plus grands ministres du dernier siècle !* Ce n'est point nous qui accusons Pombal, la postérité l'a jugé ; c'est un homme qu'on ne doit plus rappeler aux rois et à leurs ministres que pour leur inspirer l'horreur du despotisme foulant aux pieds toutes les lois, et s'attaquant surtout à la religion, comme au plus fort boulevard des droits de tous. « Je ne suis point Jesuite, je n'aime » point les Jésuites, dit Linguet, mais il ne fallait pas leur » supposer des crimes; il ne fallait pas abuser, pour les perdre, des formalites de la justice ; c'est ce que je dirai tou-

» jours. » Et Voltaire : *J'aimerais mieux*, s'écrie-t-il, *être né nègre que Portugais*.

Le Constitutionnel rappelle contre les Jésuites leur expulsion de la Russie par l'empereur Alexandre. Ce prince n'a cédé qu'après une longue obsession dont les événemens, qui viennent d'être révélés à l'Europe, font comprendre aujourd'hui le motif. Pendant long-temps, je ne sais quel instinct, auquel les rois devraient mieux obéir, l'avertit de se défier de ces instances ; et c'est dans ce moment une chose connue que ce ne fut qu'après de cruelles hésitations qu'il apposa sa signature à un acte dont le souvenir a dû affliger ses dernières années, et est venu sans doute se mêler à ces pénibles pensées, à cette douloureuse anxiété qu'a excitées dans son âme la certitude qu'il a eue, avant de mourir, des tempêtes qui allaient éclater sur son empire, et dont la prévision menaçante a été, dit-on, le tourment et l'effroi de son agonie.

Qu'ajouterons-nous? De bonne foi, croit-on que la plupart des ennemis des Jésuites aient besoin de toutes ces explications ? « Leurs ennemis, dit aujourd'hui un écrivain, dans le » *Mémorial catholique*, n'ont pas besoin d'être convaincus ; » et lorsque je vois des révolutionnaires souillés de crimes » tout récens se déchaîner contre cette illustre société, en » rappelant des crimes anciens, et lui reprocher enfin le ré» gicide en présence de l'abîme où furent engloutis une gé» nération toute entière de rois, je crois voir dans ces in» sultes une ironie de l'enfer, qui ne peut mieux noircir » l'innocence qu'en lui prêtant ses propres fureurs. » Nous avons dû cependant, à l'exemple de plusieurs hommes de bien, chercher au moins à sauver notre époque, au milieu de tant d'autres reproches, de l'accusation d'avoir laissé opprimer sans défense la justice et la vérité. C'est dans cette vue, et non dans le dessein de convaincre *le Constitutionnel*, que nous sommes descendus dans la lice. *Le Constitutionnel* a assez prouvé qu'il ne cherche point la vérité qui éclaire, mais qu'il ne veut qu'agir sur les passions qui détruisent. Cependant ses fureurs mêmes serviront ceux qu'il veut ruiner ; la lumière sortira de tous ces debats. « Je ne vous ai reçus, » disait Henri IV aux Jésuites, qu'après m'être bien informé » de vous. J'ai bien reconnu que ce n'était que calomnie ce » dont on vous chargeait. Vos ennemis vous ont causé ce » bien, et ma curiosité a été votre bonheur. Aimez-moi, car » je vous aime. »

Nous lisons dans *le Globe*, journal littéraire, qui passe pour défendre les doctrines libérales, les réflexions suivantes, que nous croyons devoir mettre sous les yeux de nos lecteurs.

« La dénonciation pour opinions religieuses, pour esprit d'envahissement, nous semble à la fois une erreur politique et une erreur judiciaire. Les Jésuites sont hommes et citoyens comme nous; l'ultramontanisme est une opinion comme le gallicanisme, le protestantisme, le déisme ou tout autre; le droit de s'associer, pour le triomphe de cette doctrine, est inviolable comme celui que nous réclamons en vain pour la libre propagation des doctrines philosophiques; la liberté d'enseignement est de droit naturel, et les pères peuvent disposer de leurs enfans. Si de vieilles lois blessent ces prérogatives sacrées, elles sont de fait abolies par la Charte nouvelle. La magistrature n'a point de rôle à prendre dans des querelles de science et de propagation de principes; elle n'est juge que des actes : être Jesuite, fonder un college de Jésuites, n'est point un acte de rébellion; la tolérance n'est pas seulement permise, elle est imposée au gouvernement. »

⁂ On lit les passages suivans dans les Mémoires de Madame de Genlis :

« Dans les années 1820 et 1821, l'impiété faisait des progrès effrayans, surtout parmi les jeunes gens; elle leur donnait un esprit séditieux qui formait une espèce de conjuration secrète qui n'était pas encore organisée, mais qui était réelle, et dont le but est de détruire la religion chrétienne et de réduire tous les gouvernemens en républiques. Ce qui alimentait cet esprit impie et séditieux, sont les ouvrages des prétendus philosophes du dernier siècle.

» On a rassemblé, dans des *Editions compactes*, toutes les impiétés, tous les blasphèmes, toutes les turpitudes *philosophiques* répandues dans une multitude de pamphlets qui étaient oubliés depuis long-temps. Et l'on a fait ces infâmes éditions, de manière à les mettre, pour l'achat, à la portée de tout le monde. Il n'y a jamais eu de scandale comparable à celui-là; non-seulement on n'eût osé le donner sous Napoléon, mais les républicains terroristes n'eussent pas permis la réimpression de ces obscénités, et l'on a cette impudente effronterie sous le règne du Roi très-chrétien !

« Que de forfaits, de meurtres, de guerres injustes, de scandales, d'impiétés monstrueuses et d'excès dans tous les genres depuis trente ans ! Quand les opinions nouvelles ne produisent que des bouleversemens, des crimes, la perte de la morale publique, des erreurs, des sophismes, la décadence des lettres et l'abaissement des âmes de la masse d'une nation, certainement ces opinions ne sont pas bonnes. Personne ne s'entend plus; aucun parti ne sait au juste ce qu'il veut; les discours et les écrits politiques manquent en général de franchise et de loyauté; on y sent partout des arrières pensées; on n'y voit de clair et de positif que des intérêts personnels. Les écrits politiques n'instruisent plus, ils sont sans aucun plan, et leur langage, souvent barbare, et presque toujours inintelligible : ils offrent la confusion morale des langues. »

Les publications des petits livres in-32 viennent d'attester, jusqu'à Lyon, le dernier degré de la licence atteint aujourd'hui par la presse. Il y a déjà quelques jours, une biographie des auteurs dramatiques lyonnais a excité de nombreuses réclamations, et même d'affligeantes *provocations*. Un nouveau scandale de ce genre, la publication d'une biographie des littérateurs lyonnais, vient de jeter le trouble dans notre ville. Nous n'avons connaissance ni du premier ni du second de ces ouvrages. La biographie des littérateurs lyonnais, à peine mise au jour, a été retirée subitement de la circulation, par suite des craintes qu'ont inspirées, dit-on à ses auteurs, les cris qui se sont élevés de toutes parts. Déjà même une scène déplorable a éclaté au barreau, jusque sous les regards des magistrats de la Cour royale, à l'occasion de ce libelle, à la publication duquel un avocat était accusé, par erreur, d'avoir participé. Nous nous serions abstenus de parler de cet événement, si un journal de cette ville ne lui avoit déjà donné de la publicité. Ainsi le premier résultat de toutes ces productions est un trouble grave apporté à la paix publique. La vigilance des magistrats est suffisamment avertie. Si la presse, au milieu d'une grande population comme Paris, ne produit pas toujours immédiatement un effet visiblement funeste, quel instrument de ruine et de discordes ne serait-elle pas dans une localité moins vaste, où les rapports de tous les citoyens sont plus étroits, et où les susceptibilités les plus vives, tous les intérêts et toutes les passions peuvent se trouver en un instant irrités et aux prises par l'imprudence d'un libelliste !

Ce mois-ci a été fécond en visites. M.r Dupin a rendu visite aux Pères de Saint-Acheul; un publiciste célèbre a eu l'honneur de recevoir un grand personnage, et le chantre de la liberté, M. Casimir Delavigne a fait sa cour à la ci-devant reine Hortense, aujourd'hui comtesse de Saint-Leu. M.e Dupin n'a pas évité les sarcasmes des libéraux. Pourquoi ces Messieurs n'ont-ils pas été aussi sévères envers M. Casimir Delavigne? Ils ne veulent pas que M.e Dupin dîne chez les Jésuites, parce que les Jésuites sont les ennemis des rois. Est-ce que les rois n'auraient aucun reproche à adresser à la famille Buonaparte?

Au reste, il est possible que le bibliothécaire d'un prince du sang n'ait fait halte chez la reine Hortense que pour voir sa bibliothèque, car le chantre de la liberté doit se souvenir que l'objet de ses chants ne faisait pas fortune il y a quinze ans, et que si le *quidlibet audendi* est plus que jamais la devise des poètes, la famille Buonaparte paraît n'avoir jamais bien compris le précepte d'Horace.

DES ENFANS DE FRANCE.

On a accueilli avec intérêt quelques détails que *la Quotidienne* a donnés sur les Enfans de France. Nous nous trouvons ramenés plutôt que nous ne l'avions pensé à entretenir de nouveau nos lecteurs de ces jeunes rejetons de la royale tige des Bourbons, c'est-à-dire des sages dispositions qui ont été prises pour initier les nobles Enfans aux premières connaissances qui sont la base de toute éducation, et de la distribution de leurs heures de travail ou de loisir.

Ces soins, très-dignes d'attention, même dans l'éducation d'un enfant ordinaire, acquièrent une très grande importance pour les personnes appelées à diriger l'enfance des princes; et sous ce rapport nous aurons encore des grâces à rendre aux premiers guides auxquels le Roi a donné une si haute marque de confiance en les plaçant auprès des objets les plus chers de son affection.

En faisant connaître et apprécier le plan d'éducation élémentaire adopté et suivi jusqu'à ce jour pour les augustes Enfans, nous ne craindrons pas de descendre à de petits détails qui deviennent également intéressans, puisqu'ils se rattachent aux précautions qu'exige la conservation de ces êtres si chers à la France.

L'heure du lever varie suivant la saison; dans l'été il est fixé à sept heures; la prière suit immédiatement le lever; quelques questions sur le catéchisme et l'histoire sainte précèdent un déjeûner frugal et léger.

A huit heures trois quarts, le prince et sa sœur se rendent chez le Roi, non sans avoir auparavant donné le bonjour à leur auguste mère et à Madame la Dauphine. Les caresses du Roi, qui sont toujours le prix du bon témoignage rendu de la conduite de Mgr. le duc de Bordeaux, ou de quelques heureuses saillies de MADEMOISELLE, sont un motif d'émulation pour LL. AA. RR., qui ambitionnent également la faveur de recevoir le premier baiser de leur auguste aieul.

Après les tendres encouragemens du Roi, commencent les leçons sérieuses dont une ingénieuse attention a su écarter tout ce qui ressembleroit à une austère contrainte; ainsi c'est quelquefois durant une promenade et principalement au pavillon du Trocadéro que l'on s'occupe de familiariser les augustes Enfans avec ces premières connaissances qui se gravent d'autant plus facilement dans leur jeune mémoire, que leurs études sont dépouillées de cette triste aridité qui arrive assez tôt quand un âge plus avancé amène d'autres devoirs.

LL. AA. RR. écrivent d'abord sous la dictée de leur instituteur (1) quelques phrases simples, dans lesquelles l'ortho-

(1) M. Colart, dont nous nous plaisons ici a signaler le zèle, ainsi que son ingénieuse activite dans les moyens qu'il a imaginés pour exercer la jeune mémoire des augustes enfans.

graphe des mots usités et des verbes est toujours exacte. Ces phrases sont tour-à-tour décomposées et analysées par les deux jeunes élèves, et une lecture instructive vient ensuite varier ces occupations; LL. AA. RR. lisent avec facilité et rendent compte avec intelligence des faits qui les ont frappées.

L'étude de la géographie est plutôt un délassement qu'une pénible occupation pour LL. AA. RR. C'est toujours Mgr. et Mademoiselle qui tracent eux-mêmes sur des feuilles de papier blanc tantôt la place qu'occupent sur le globe les villes principales, tantôt le cours des fleuves les plus considérables, les rivières, les golfes, etc. Cet exercice leur est devenu très-familier. Le récit des événements remarquables arrivés dans les pays qu'ils viennent de tracer, termine ces leçons.

L'histoire de France est l'objet d'une étude toute particulière, et c'est à l'application constante des augustes élèves, et à l'excellente méthode d'enseignement de M. Colart dans cette partie, que l'on doit les progrès surprenans qu'ils ont faits dans cette étude.

Les trois dynasties de la monarchie française sont représentées par trois tableaux, où l'image de chaque roi est accompagnée de divers signes qui servent à les caractériser. Non-seulement, LL. AA. RR. ont bientôt appris à les désigner par leur nom; mais elles savent placer ces figures dans l'ordre de succession au trône. Cette méthode, qui a pour but de parler aux yeux, a été employée avec tant de succès qu'il n'est point de question sur tel ou tel règne, sur sa durée, et sur les événemens qui l'ont illustré, à laquelle Mgr. et Mademoiselle ne puissent répondre sans hésiter. Ainsi en leur nommant un souverain quelconque de la première, deuxième ou troisième race, non-seulement ils désignent sa dynastie, mais ils savent dire quel fut son premier, ou dixième, ou vingtième successeur; et LL. AA. RR. citent ensuite les faits mémorables de ces règnes, d'après un petit abrége d'histoire de France à leur usage, composé par leur instituteur.

On nous a rapporté que dans un exercice de ce genre, qui eut lieu il y a peu de temps, au sujet des aïeux ou descendans du roi saint Louis, Mgr. le duc de Bordeaux, à qui on avait demandé tour-à-tour et en sens divers quels étaient le 13.e, le 18.e, le 19.e et le 24.e héritier du saint Roi, nomma successivement dans l'ordre des questions, Louis XII, Charles IX, Henri IV...., puis s'arrêta tout-à-coup en regardant Madame la Dauphine qui entrait au moment où il allait répondre que le 24.e descendant du roi qui mourut sur la cendre à Tunis, était aussi un roi de l'adversité, le malheureux frère de l'Orpheline du Temple, ce pupille royal qui, selon l'admirable expression de M. de Châteaubriand, « fut laissé sous la tutelle du bourreau, et dont le règne fut » si long par la douleur. »

Quel admirable sentiment dans un âge aussi tendre! et qu'il est heureux qu'en attendant que Mgr. le duc de Bordeaux puisse lire l'histoire de ses illustres aïeux dans l'ouvrage auquel l'auteur du christianisme a déjà consacré tant de veilles, qu'il est heureux, disons-nous, que le jeune prince qui doit porter un jour la couronne ait appris de bonne heure quelque chose de la destinée de cet enfant-Roi pour qui le Roi martyr a dit dans son immortel testament : « Je recommande à mon fils toutes les personnes qui m'é» taient attachées.... de songer que c'est une dette sacrée que » j'ai contractée envers les enfans ou les parens de ceux qui » ont péri pour moi, etc. »

Mgr. le duc de Bordeaux prend en outre des leçons de langue allemande, et commence à la parler et à en lire quelquelques pages. De son côté, Mademoiselle lit et s'exprime très-bien en italien, et ses petites conversations sont un charme pour son auguste mère.

Lors de leur séjour à Paris, les Enfans de France, une fois par semaine et sur un devoir donné, composent avec d'autres enfans choisis parmi les meilleures familles. Le *premier* est proclamé devant tous et décoré d'une croix de mérite.

A six heures a lieu le deuxième repas de LL. AA. RR., après avoir fait une seconde visite au Roi à cinq heures. Le coucher des jeunes princes est à neuf heures.

Tel est l'aperçu des études et des loisirs des augustes Enfans, dont la conservation est l'objet des vœux de la France ; nous ne le terminerons pas sans dire encore un mot du rare discernement et de la douce autorité qui président à cette première éducation, et qui ont si bien concilié l'accomplissement des devoirs avec l'indulgence que demandait un âge si tendre.

Aussi est-ce toujours avec un sentiment de satisfaction vivement et franchement exprimé qu'on voit Mgr. le duc de Bordeaux et Mademoiselle accourir à leurs livres, à leurs cartes, à leurs tableaux, quand l'heure du travail est venue. Sans doute de telles dispositions sont la preuve de l'excellent naturel des augustes Enfans; mais elles nous semblent aussi un éloge incontestable pour la noble dame qui a surveillé ces heureuses dispositions presque dès le berceau, et qui les cultive avec une sollicitude toute maternelle.

Aux détails déjà connus sur la fête de la saint Henri, nous ajouterons quelques circonstances propres à intéresser nos lecteurs :

Un jeune tambour du 3.e régiment de la garde royale ayant été désigné pour donner à Mg.r le duc de Bordeaux, ainsi qu'à ses compagnons d'armes, quelques principes d'exercice, ce jeune homme fut introduit dans les appartemens de Madame. Dès que le jeune prince l'aperçoit, quittant brusquement la table à laquelle il était assis, il court aussitôt au-devant de lui en s'écriant : « Voilà le petit tambour!.... » Puis l'attirant familèrement à lui pour le présenter à S. A. R. Madame, il ajoute : « Nous serons bientôt tous réunis! allons, je veux faire l'exercice!.... » Dès cet instant, il ne veut plus se séparer de son jeune instructeur. Sur la demande de Mg.r le duc de Bordeaux, une table est dressée non loin de lui pour le jeune tambour; et, bientôt après, il se prête de la meilleure grâce à ses leçons, qu'il exécute avec zèle et intelligence.

La jeune troupe tant désirée arrive enfin : on l'habille. S. A. R. la met en ordre, et se plaçant au milieu d'elle avec son drapeau, il crie au tambour : « Allons en avant, tambour!.... »

Rendue dans la salle où elle doit passer la revue du Roi, et au commandement du chef de peloton, on pose les armes à terre. S. A. R. y pose aussi le drapeau; mais sur l'observation qui lui est faite, que le drapeau ne se place point ainsi, il le relève en disant avec vivacité : « Eh bien! je le « garderai!.... »

Le jeune prince prend à son tour le commandement de la jeune troupe, qui arrive dans la salle de l'Orangerie, tambour en tête, au milieu des applaudissemens de l'assemblée. Là, S. A. R. prononce avec fermeté les commandemens suivans : « *Peloton, halte. — Front. — A droite, alignement. — » Fixe.* » Cependant quelques-uns de ses *grenadiers* ne sont point immobiles après ce dernier commandement. « J'ai » commandé *fixe*, leur dit-il vivement, ne bougez plus! — » *Présentez vos armes, haut les armes, rompez vos rangs,* » *marche.* » Pendant les exercices acrobates de madame Saqui, l'esprit du noble enfant était encore occupé de son équipement militaire. L'attention des spectateurs était souvent détournée par la voix du jeune prince, qui parlait avec ses compagnons, et les engageait à bien garder leurs armes.

Cependant on s'était peu occupé de MADEMOISELLE; on veut dédommager la jeune princesse de tout ce que cet appareil militaire paraît avoir d'exclusif. Une cible est placée à quelques pas. Mg.r le duc de Bordeaux et MADEMOISELLE, ainsi que les enfans qui prennent part au divertissement avec LL. AA. RR., font assaut d'adresse. Tout-à-coup un cri s'élève : MADEMOISELLE a atteint le but, et le trait touchant un ressort, le ballon placé derrière s'élève, dégagé de ses liens, au milieu des éclats de joie de cette brillante jeunesse.

Cette fête laissera sans doute de longs souvenirs dans l'esprit de S. A. R. Mg.r le duc de Bordeaux, qui, depuis, ne cesse de témoigner son désir de renouveler souvent la réunion de ses jeunes compagnons d'armes.

« Ces tendres rejetons d'une race auguste qui a fait si longtemps le bonheur et la gloire de la France, atteignent à un âge où l'emploi de leurs loisirs, les preuves qu'ils donnent de leur précoce intelligence, où leurs moindres paroles enfin doivent exciter un vif intérêt chez tous les Français. Puisque les habitans de Paris ont l'heureux privilége de contempler à leur gré, presque chaque jour, ces augustes enfans, dont le berceau fut environné de tant d'orages, n'oublions pas que, sur tous les points de la France, il existe des milliers de sujets fidèles dont le cœur a tressailli d'allégresse quand l'airain annonça que Dieu venait de donner un héritier direct au trône de saint Louis, qui recherchent avec le plus avide empressement, avec la plus tendre sollicitude, tout ce que les journaux peuvent recueillir des occupations de Mg.r le duc de Bordeaux et de MADEMOISELLE, de leurs moindres actions, de leurs jeux même, et surtout de ce penchant héréditaire à se montrer bons et à faire du bien qui a déjà séché les pleurs de tant de malheureux.

» C'est pour cette raison que nous avons résolu de consacrer de temps en temps quelques lignes de notre journal à satisfaire cette ardente curiosité qu'un grand nombre de nos abonnés nous ont montrée en plusieurs occasions; heureux si nous pouvons, par nos simples récits, fortifier, ranimer ce culte d'idolâtrie pour nos princes, qui fut si longtemps le caractère distinctif de la nation française, et rallumer ce feu sacré que des hommes inhabiles ont si fort contribué à laisser s'affaiblir ou s'éteindre.

» S. A. R. Mg.r le duc de Bordeaux est sur le point d'accomplir sa sixième année. Sa santé est excellente; une physionomie franche et agréable, où sont empreintes la vivacité et l'intelligence, frappe au premier abord. Sa taille est élancée; une volonté ferme et vivement exprimée rappelle quelquefois en lui, malgré son jeune âge, le prince infortuné auquel il doit le jour.

» Cette vivacité enfantine n'exclut point chez le jeune prince une application assidue à ses études élémentaires; et de fréquentes questions adressées à son instituteur, dans le cours des leçons, dénotent une aptitude peu commune; mais ce qui nous paraît devoir fixer surtout l'attention, ce sont les excellentes qualités du cœur qui révèlent en lui le sang des Bourbons, et dont nous nous bornerons à citer un trait tout récent.

» A l'occasion de la fête offerte au jeune prince le jour de la fête de saint Henri, nous avons dit qu'un ballon perdu fut lancé devant l'orangerie du château; on avait placé dans la nacelle suspendue au dessous de l'aérostat, un mannequin vêtu d'un uniforme de lancier; une oscillation du ballon au moment où il s'élevait, l'ayant fait pencher, Mg.r le duc de Bordeaux s'élance, et tendant les bras vers le soldat, qu'il croit en danger, il s'écrie: « Arrêtez, arrêtez! le soldat va tom» ber!.... » Une nouvelle secousse ayant replacé bientôt l'objet de ces craintes dans sa position naturelle, la joie la plus vraie se peignit sur le visage de l'auguste enfant, et il la témoigna en battant des mains et en excitant ses jeunes compagnons à applaudir comme lui.

» Lorsque S. A. R. traverse les salles où des gardes se trouvent placés sur son passage, le maintien de Mg.r le duc de Bordeaux perd tout-à-coup son air enfantin; il salue avec noblesse, observe avec soin tous les mouvemens qui s'exécutent sous ses yeux; et il n'est pas rare de voir S. A. R., marchant à côté de S. M., adresser à son auguste aïeul des remarques pleines de justesse; ou bien, se plaçant quelquefois au milieu des gardes du corps, le jeune prince salue S. M., en disant: « Et moi aussi, je suis garde du corps du Roi! »

» S. A. R. MADEMOISELLE (Louise-Marie-Thérèse), plus âgée d'une année que son frère, charme également toutes les personnes qui sont admises à l'honneur de la voir. Pleine de gentillesse et d'esprit, ses manières ont déjà beaucoup d'assurance et de grâce. Elle montre le plus tendre attachement pour S. A. R. Mg.r le duc de Bordeaux, à qui elle sait pourtant qu'elle doit de la déférence : elle le lui témoigne avec un mélange d'enjoûment et de gravité toute aimable, et il est rare que sa douceur et ses conseils caressans n'apaisent point les mouvemens du jeune prince, quand il s'y mêle un peu d'emportement.

» Il y a peu de jours, Mg.r le duc de Bordeaux ayant témoigné qu'il désirait avoir un bonnet à poil avec une plaque, comme ses jeunes grenadiers, on lui fit observer qu'ayant l'habit de porte-drapeau, il devait être coiffé autrement. Cette explication ne l'ayant point satisfait, S. A. R. exprimait son mécontentement par des murmures d'impatience; la jeune princesse l'interrompant lui dit : « Si vous vous em- » portez ainsi devant vos soldats, ils ne vous obéiront plus; » il faut être le plus sage pour les commander. »

» N'oublions pas, en terminant ce bulletin, de rappeler les titres que de M.me Gontaud s'acquiert chaque jour à la reconnaissance des Français et à la tendresse de ses illustres élèves. Mg.r le duc de Bordeaux et son auguste sœur se rappelleront long-temps, même après qu'une éducation plus austère aura commencé pour eux, avec quelle douce autorité celle qui fut leur premier guide a su leur rendre faciles ces premiers devoirs du jeune âge, dont les enfans, même des rois, ne sauraient être affranchis sans danger pour leur avenir, et pour celui des peuples qu'ils sont appelés à gouverner. »

IMPRIMERIE DE BÉTHUNE, HÔTEL PALATIN, PRÈS ST.-SULPICE.

« S. A. R. Mademoiselle (Louise-Marie-Thérèse), plus âgée d'une année que son frère, charme également tous les personnes qui sont admises à [illegible] de la cour. Elle a de [illegible] ses manières ont déjà beaucoup d'assurance et de grâce. Elle montre le plus tendre attachement pour S. A. R. Mgr. le duc de Bordeaux, à qui elle est [illegible]

« Il y a peu de temps, Mgr. le duc de Bordeaux [illegible]

www.ingramcontent.com/pod-product-compliance
Ingram Content Group UK Ltd.
Pitfield, Milton Keynes, MK11 3LW, UK
UKHW021556260726
13993UKWH00002B/868

9 782329 171913